"SOMENTE EXEMPLOS BRASILEIROS"

Sistemas de Informações

Administração em Tempo Real

André Sathler Guimarães
Grace F. Johnson

"SOMENTE EXEMPLOS BRASILEIROS"

Sistemas de Informações

Administração em Tempo Real

QUALITYMARK

Copyright© 2007 by André Sathler Guimarães

Todos os direitos desta edição reservados à Qualitymark Editora Ltda.
É proibida a duplicação ou reprodução deste volume, ou parte do mesmo,
sob qualquer meio, sem autorização expressa da Editora.

Direção Editorial SAIDUL RAHMAN MAHOMED editor@qualitymark.com.br	Produção Editorial EQUIPE QUALITYMARK
Capa WILSON COTRIM	Editoração Eletrônica UNIONTASK

CIP-Brasil. Catalogação-na-fonte
Sindicato Nacional dos Editores de Livros, RJ

G976s

    Guimarães, André Sathler
        Sistemas de informações : administração em tempo real/André
    Sathler Guimarães, Grace F. Johnson. – Rio de Janeiro:
    Qualitymark, 2007.
    216p.

        Contém exercícios
        Inclui bibliografia
        ISBN 978-85-7303-601-5

        1. Sistemas de informação gerencial. 2. Gerenciamento de recursos
da informação. 3. Tecnologia da informação – Administração. 4. Sistemas
de recuperação da informação – Administração.
        I. Johnson, Grace. II. Título.

07-1033

CDD: 658.40388
CDU: 65.012.4:061.66

2007
IMPRESSO NO BRASIL

Qualitymark Editora Ltda.
Rua Teixeira Júnior, 441
São Cristóvão
20921-400 – Rio de Janeiro – RJ
Tel.: (0XX21) 3094-8400

Fax: (0XX21) 3094-8424
www.qualitymark.com.br
E-Mail: quality@qualitymark.com.br
QualityPhone: 0800-263311

Agradecimentos

De ambos os autores:

Este livro nasceu de uma parceria da Universidade Metodista de Piracicaba (Unimep) com o Marietta College (Ohio, EUA). Como parceiras, essas instituições vêm desenvolvendo uma série de atividades conjuntas, como o intercâmbio de docentes, do qual participou a Profa. Grace Johnson, durante seu sabático. Agradecemos ao Reitor da Unimep, Prof. Dr. Gustavo Jacques Dias Alvim, pelo irrestrito apoio às iniciativas de internacionalização da Universidade, entre elas a que resultou nesta obra. À Reitora do Marietta College, Profa. Dra. Jean Scott, por também apoiar e acreditar nessa parceria. Ao Prof. Dr. Amós Nascimento, Assessor para Assuntos Internacionais da Unimep, por ter plantado e cultivado a semente que resultou na parceria de ambas as instituições. À Faculdade de Gestão e Negócios, na pessoa de seu Diretor, Prof. Dorgival Henrique, por aceitar receber a Profa. Grace Johnson, disponibilizando os recursos necessários para seu trabalho enquanto no Brasil.

De André Sathler Guimarães:

Agradeço a Deus pela constante inspiração. À Isabela, minha companheira durante o tempo em que escrevi este livro, pelos incentivos. À minha co-autora e amiga, Profa. Grace Johnson, sobretudo por nunca deixar de acreditar. Ao Prof. Dorgival Henrique, pelas sempre brilhantes e contundentes observações, que fazem com que essa obra transcenda o caráter instrumental e apresente reflexões na perspectiva da racionalidade substantiva. Aos colegas coordenadores de curso da Faculdade de Gestão e Negócios, Profs. Antonio Carlos Sarti, Jair Antonio de Souza, Sebastião Neto, Emílio Amstalden, Luis Carlos Spiller Penna, Fernando Kanni, pelo apoio constante e palavras de incentivo. A Eduardo Motta Henriques, pelas contribuições na revisão da parte técnica. A Waldo Luís de Lucca, pelo apoio irrestrito e leitura do material em primeira mão.

De Grace Johnson:

Gostaria de agradecer ao meu co-autor, André Sathler Guimarães, por me ajudar a tornar a idéia deste livro uma realidade. À Vice-Reitora Acadêmica do Marietta College, Profa. Dra. Sue DeWine, e ao Comitê de Desenvolvimento de Docentes do Marietta College por terem me concedido a licença sabática que me permitiu viajar a Piracicaba para pesquisar e escrever o manuscrito. Meus colegas no Departamento de Economia, Administração e Contabilidade do Marietta College foram muito compreensivos e me apoiaram durante a licença, e, em particular, eu gostaria de agradecer ao Prof. Edward Osborne.

Eu preciso registrar o apoio e os recursos disponibilizados pela Faculdade de Gestão e Negócios da Unimep, especialmente seu Diretor, Prof. Dorgival Henrique. Muitas pessoas contribuíram com idéias e forneceram material para o texto, das quais destaco Sérgio Mundin, Clóvis e José Padovese, Ângela Cristina Dannemann e Raymond Page.

E para Fernando, Renata, Angélica, Carlos, Jair, Sebastião, Virgínia, Anna, Amós, Mel, Juan Carlo, Márcia, César, Fábio, Carlos, Marcelo, Sandra, Elcy, Gustavo, Vera, Nádia, Thiago, Anderson, Júlio, Wilson, Ana Carolina, Fábio, Zenóbio, Rodrigo, Mirela, Dona Angela Maria, Ana, Daniella, Munise, and Sr. Souza: muito obrigado por sua amizade e por seu apoio durante o tempo em que estive trabalhando no Brasil.

Apresentação

Tenho o prazer de apresentar a obra *Administrando em Tempo Real: o papel dos Sistemas de Informação*, produzida pelos professores André Sathler Guimarães e Grace Johnson. Inicialmente, fico satisfeito em ver a preocupação dos docentes em produzir material didático de qualidade focado no público de graduação. A área de Sistemas de Informação tem produzido muitas obras, algumas já tradicionais, porém com linguagem e enfoque inadequados para o aluno que toma contato com o assunto pela primeira vez.

Também foi importante a preocupação dos autores em trabalharem somente com exemplos de empresas brasileiras ou filiais de multinacionais no Brasil. Com isso, o texto fica mais próximo à realidade de nosso alunado, que tem condições de identificar as empresas indicadas, facilitando a absorção do conhecimento.

Outro fator diferencial dessa obra foi sua composição a quatro mãos, envolvendo um docente brasileiro e uma docente norte-americana. Essa parceria faz com que este livro se dirija ao contexto local, sem, contudo, perder a perspectiva do global. Em tempos de globalização, é muito importante ver um exemplo concreto de transcendência de fronteiras na produção do conhecimento. Isso se tornou possível graças a uma parceria entre a Faculdade de Gestão e Negócios, que tenho a honra de dirigir, e o Marietta College, em Ohio, EUA.

Finalmente, devo minha satisfação em fazer esta apresentação também ao fato de conhecer pessoalmente ambos os autores e ter com eles atuado em diversas frentes acadêmicas. Ambos são docentes dedicados, jovens, que começam a construir uma trajetória comum de pesquisa e produção científica sobre um assunto que os encanta, as novas tecnologias aplicadas aos processos de gestão.

Bom proveito!

Dorgival Henrique
*Diretor da Faculdade de Gestão e Negócios da
Universidade Metodista de Piracicaba*

Prefácio

A observação panorâmica do cenário que cerca no dia-a-dia o homem moderno, enquadra, inescapavelmente, a necessidade de realizar contínuas reflexões sobre a dimensão e abrangência das tecnologias de comunicação a que têm acesso os seres individualmente. Ressalta-se que o conceito de comunicação deve ser estendido para as dimensões, as mais abrangentes possíveis, englobando territórios muito além dos fenômenos da *mass communication*, uma vez que as trocas informativas entre seres humanos e destes com as máquinas extrapolam a indústria chamada midiática. Mas, sobretudo, denota importantes círculos que englobam estes com as empresas e os sistemas de intercâmbio e estocagem de informação, que vêm se revelando a principal matéria-prima dos negócios no mundo contemporâneo. Os inúmeros recursos presentes nos lares fazem com que um isolado ser humano tenha à disposição, em um único dia, uma quantidade infinitamente maior de informações do que tiveram seus antecessores durante suas vidas inteiras. Dessa forma, consciente ou inconscientemente, as pessoas acessam, hoje, muito mais informações, de forma inesgotável, sobre si mesmos e sobre o mundo em que vivem, do que em qualquer outro momento da história da humanidade.

Para aninhar essa insaciável voracidade de acesso, nas últimas décadas, inimagináveis descobertas nas tecnologias eletrônicas têm tornado possíveis impensáveis formas de combinação, processamento e distribuição que satisfaçam aos desejos humanos, nos seus intentos de entretenimento e de facilitação dos controles privados. As tecnologias digitais vêm incrementando, em velocidade estonteante, os negócios tanto nos modelos clássicos de compra e venda, quanto nas moderníssimas formas de trocas de informação, armazenamento, controle, vendas, suprimentos, atendimento de clientes, fornecimento escalonado etc.

No final do século passado, pesquisadores indicaram que um jovem experimentava o dobro de ofertas em aparelhos tecnológicos do que seus pais, quando estes eram jovens. Outros pontuaram que quando esse jovem tivesse cerca de 30 anos, tornaria a dobrar o volume e, que quando o mesmo tivesse 70 anos, estaria experimentando 5 vezes o incremento das ofertas. É possível dizer que este cenário, anos atrás imaginado como "do futuro", está presente nos dias atuais em muitos lares e empresas em várias partes do mundo. Infelizmente, integra parte expressiva do universo do mundo rico e dos lares abastados, mas sinaliza a inevitável necessidade da inserção no terreno tecnológico de primeira grandeza de todos os que almejam participar da divisão da riqueza humana. A verdade é cristalina: todas as formas de integração industrial e comercial e implemento dos processos de produção e inserção social passam pelo controle do conhecimento e pelo domínio do aparato tecnológico digital. Durante todo o tempo (no conceito inglês de *full time*) e instantaneamente (*online*), possibilitando trocas de gigantescos volumes de informação a partir de grandes conjuntos de interfaces que permitem o acesso à informação em tempo real e/ou aquela estocada nos circuitos informatizados dos equipamentos digitais, trazendo à tona a Sociedade da Informação.

A Sociedade da Informação representa um passo à frente na evolução do homem, partindo das suas bases primeiras na agricultura (plantio e estocagem), depois a manufatura, passando pela industrialização que, num momento foi basicamente implantada como "suja" (acieria, sobretudo), desembocando em modelo "limpo" (tendo a indústria do entretenimento, aeroespacial e da informática como exemplos maiores). Esse cenário, somado à extensão e pujança da "indústria" dos serviços trouxe a **economia da informação**, na qual a manipulação da informação tornou-se a atividade principal. A **gestão do conhecimento** (*knowledge management*) transformou-se em precioso recurso estratégico para a sobrevivência de indivíduos e estruturas, mas especialmente para o controle dos processos nas empresas. Nesse sentido, aqueles que não acompanham e praticam a atualização tecnológica, correm sério risco de integrar alguma forma de "exclusão digital" (seria mais apropriado dizer "exclusão do conhecimento"), pois a "especialização contínua" (*life-long learning*) representa o diferencial que manterá – ou eliminará – seres e empresas da economia. Quer dizer, somente profissionais e empresas com "sabedoria tecnológica" sobreviverão e usufruirão da economia globalizada contemporânea.

Neste território de acirradas especializações e dinamização das competências, as interfaces serão fortemente estimuladas, requerendo intercâmbios antes destemidamente inviabilizados. O que se constata é que as "linhas divisórias" do passado (*borderlines*) não mais se aplicam, revelando que em todos os processos do mundo moderno (muitos destacam os tempos "pós-modernos") os limites, até aqui confortavelmente estanques, tornaram-se tênues entre as habilitações no mundo altamente tecnologizado do presente. Neste cenário de competências "movediças e sobrepostas", a área da comunicação merece um espaço distinto, pois há bom tempo vem estudando e tentando entender – e explicar – os processos que tornam as coisas compreensíveis, assimiláveis e mobilizadoras de corações e mentes humanas.

A presente obra traz uma contribuição expressiva, pois assume a missão de estreitar laços entre as "comunidades" da economia, administração e da tecnologia da informação. E, ainda, da comunicação. Isto deve ser enaltecido e seguido em outras empreitadas que aproximem o conhecimento – e realces das transformações práticas, trazidas a partir das experiências com os processos digitais – já amealhado pelos teóricos dessas áreas com seus congêneres dos demais segmentos das ciências sociais, humanas e tecnológicas. Os estudiosos e os profissionais, mas, sobretudo, a sociedade só terão a ganhar com isto.

Nesse intento, o conjunto desta obra, mas em especial seu foco, divisões de tratamento, formatos de estudo e sugestões de leituras complementares, além da revisão de aprendizagem e a criativa exemplificação em cada capítulo, tornam a mesma extremamente interessante e útil. Resta destacar que a redação criativa, fértil e objetiva faz da leitura uma atividade prazerosa e aconchegante.

Assim, boa leitura.

Prof. dr. S. Squirra
Coordenador do Programa de Pós-Graduação em
Comunicação da Universidade Metodista de São Paulo

Sumário

Capítulo 1 Tecnologia de Informação e a Gestão de Negócios, 1
1.1. Fatores que Influenciam os Negócios, 3
    1.1.1. Competição, 3
    1.1.2. Regulamentação, 4
    1.1.3. Globalização, 5
    1.1.4. E-Business, 8
Vida Real – A Agonia de um Gigante, 11
1.2. A Sociedade Informacional, 12
    1.2.1. A Sociedade e suas Mudanças nos Últimos 50 Anos, 12
    1.2.2. As Transformações nas Organizações, 17
    1.2.3. Características da Sociedade Informacional, 20
    1.2.4. O que é Informação, 21
    1.2.5. Como a Informação Flui nas Organizações, 24
    1.2.6. Surgem os Sistemas de Informação, 25
Vida Real – Transformando Óleo em Bits, 26
Leitura Complementar – Os Efeitos Danosos da Overdose de Informação, 27
Questões de Revisão, 28
Questões do Provão, 29

Resumo, 30
Notas, 31

Capítulo 2 Os Processos de Negócios, 33
2.1. Gestão do Relacionamento com o Cliente (CRM), 35
2.2. Gestão da Cadeia de Suprimentos, 41
    2.2.1. Avaliando, Selecionando e Desenvolvendo Relacionamentos Estratégicos com os Fornecedores, 43
    2.2.2. Gestão de Suprimentos (*e-procurement*), 44
    2.2.3. Desenvolvendo Programações da Produção, 45
    2.2.4. Adquirindo e Armazenando Estoques, 46
    2.2.5. Controlando Atividades Diárias da Produção, 46
    2.2.6. Programando e Acompanhando Entregas do Produto aos Clientes, 47
2.3. Gestão do Ciclo de Vida de Produto, 48
2.4 Gestão de Recursos Humanos, 50
2.5. Contabilidade e Gestão Financeira, 55
2.6. Sistemas de Gestão Integrada – ERPs, 57
2.7. Exemplos de Aplicações, 57
    2.7.1. SCM e CRM na Milenia, 57
    2.7.2. HRM no SchlumbergerSema e no BankBoston Brasil, 58
    2.7.3. PLM na Beiersdorf, 59
    2.7.4. A Contabilidade e o Gerenciamento Financeiro na Flextronics, 60
    2.7.5. HRM na International Paper, 60
    2.7.6. ERP na Drogaria Araújo, 61
    2.7.7. Vantagens da Utilização de Sistemas de ERP e da Internet para Suportar Processos do Negócio, 61

Vida Real – Vender a Todo o Vapor, 63
Vida Real – Fábrica de Carros ou Fábrica de *Softwares*?, 64
Leitura Complementar: Vamos Ficar em Casa?, 65
Questões de Revisão, 66
Questões do Provão, 66
Resumo, 68
Notas, 69

CAPÍTULO 3 Tipos de Sistemas de Informação Aplicados à Negócios, 71
3.1. Introdução, 73
3.2. Sistemas de Processamento de Transações – SPT, 73
3.3. Sistemas de Automação de Escritórios – SAE, 75
3.4. Sistemas de Integração com o Consumidor – SIC, 76
3.5. Sistemas de Apoio ao Trabalho em Grupo – *Groupware*, 77
3.6. Sistemas de Informações Gerenciais – SIG, 78
3.7. Sistemas de Apoio à Decisão – SAD, 79
3.8. Sistemas de *Business Intelligence*, 80
3.9. Sistemas de Inteligência Artificial, 81
    3.9.1. Sistemas Especialistas, 81
        3.9.1.1. Sistemas Especialistas na Agricultura, 81
        3.9.1.2. Sistemas Especialistas em Instituições Financeiras, 82
        3.9.1.3 Sistemas Especialistas na Manutenção e Apoio, 82
        3.9.1.4. Sistemas Especialistas na Produção, 83
        3.9.1.5. Desenvolvendo Sistemas Especialistas, 83
        3.9.1.6. Vantagens da Utilização de Sistemas Especialistas, 84
3.10. Redes Neurais, 85
3.11. Sistemas de Informações Geográficas (GIS), 86
3.12. O papel da Internet e das Intranets, 87
Vida Real – Adeus Custo Brasil, 88
Vida Real – Salvando mais Vidas, 91
Leitura Complementar – Uma Sociedade sem Empregos?, 93
Questões de Revisão, 94
Questões do Provão, 95
Resumo, 99
Notas, 100

CAPÍTULO 4 Usando Sistemas de Informação como Fonte de Vantagem Competitiva, 103
4.1. O Modelo das Forças Competitivas de Porter, 105
    4.1.1. O Poder dos Clientes, 106

4.1.2. Rivalidade Entre os Concorrentes, 107
4.1.3. Entrantes em Potencial, 107
4.1.4. Poder dos Fornecedores, 108
4.1.5. Produtos Substitutos, 109
4.2. Usando a Tecnologia para Implementar Estratégias Competitivas, 110
    4.2.1. Usando Sistemas de Informação para Reduzir os Custos, 110
    4.2.2. Usando Sistemas de Informação para Diferenciar, 113
    4.2.3. Sistemas de Gestão do Conhecimento, 115
Vida Real – Compartilhar para Viver, 117
4.3. Ferramentas Gerenciais para Fortalecer os Negócios, 118
    4.3.1. Expandindo o Escopo e a Qualidade dos Serviços ao Cliente, 119
    4.3.2. Adotando Práticas *Just-in-Time* (JIT), 120
    4.3.3. Criando "Sócios Informacionais", 121
    4.3.4. Superando as Limitações de Tempo e Distância, 123
    4.3.5. Promovendo o Trabalho em Grupos e a Gestão do Conhecimento, 124
Vida Real – Chamada para Você, 126
Questões de Revisão, 128
Resumo, 129
Notas, 129

Capítulo 5   Redes de Computadores, 131

5.1. O Modelo de Computação Cliente/Servidor, 134
5.2. Usos de Redes de Computadores nas Empresas, 135
    5.2.1. Usando Redes para Colaborar, 135
    5.2.2. Usando Redes para Comunicar, 137
    5.2.3. Usando Redes para Melhoria das Operações e Redução dos Custos de Transação, 137
5.3. A Tecnologia de Redes sem Fio (Wireless Networks – W-LAN) e Comércio Móvel (*m-commerce*), 138
5.4. Redes sem Fio nos Negócios: Facilitando os Processos, 138
5.5. Conveniência do Consumidor por Meio do Comércio Móvel (*m-commerce*), 140
Vida Real – Pagando Contas e Tomando um Coco, 142

Vida Real – Anjos da Guarda, 143

Leitura Complementar – Fundamentos Técnicos das Redes de Computadores, 145

Questões de Revisão, 149

Questões do Provão, 149

Resumo, 151

Notas, 151

Capítulo 6 **Desafios para os Sistemas de Informação: Privacidade de Dados e Segurança dos Sistemas, 153**

6.1. Acesso a Informações de Negócios, 155

Vida Real – Vazamento no Leão, 157

6.2. Privacidade de Dados, 158

    6.2.1. Privacidade de Dados dos Clientes e Fornecedores, 158

    6.2.2. Privacidade de Dados dos Funcionários, 160

6.3. Segurança de Recursos dos Sistemas de Informação, 161

    6.3.1. Informação, 161

    6.3.2. Software, 164

    6.3.3. Hardware, 168

    6.3.4. Redes, 169

Vida Real – É só emprestado, não é seu..., 171

6.4. Ameaças ao Sistemas de Informações e Sugestões para Recuperação, 172

    6.4.1. Hardware, 173

    6.4.2. Software, 174

    6.4.3. Bancos de Dados, 175

    6.4.4. Redes, 176

6.5. Planejando de Continuidade de Negócios e Recuperação de Desastres, 177

Leitura complementar – Tendências em Gestão de TI – Terceirização, 179

Questões de Revisão, 180

Questões do Provão, 183

Resumo, 184

Notas, 184

CAPÍTULO 7 Desafios para os Sistemas de Informação: Questões
            Éticas Envolvendo Sistemas de Informação, 187
7.1. Desafios de Infra-estrutura, 189
7.2. Desafios Culturais, 191
      7.2.1. A Tecnologia e as Mudanças no Processo de Trabalho, 193
7.3. Desafios Éticos, 194
Questões de Revisão, 196
Resumo, 196
Notas, 197

1
Tecnologia de Informação e a Gestão de Negócios

Abertura

As empresas e os negócios são altamente influenciados por fatores ambientais, bem como exercem, impacto sobre o ambiente. Nos tempos atuais, existem algumas características macroconjunturais que se apresentam, de forma geral, em todas as partes do planeta. Quatro desses fatores – competição, regulamentação, globalização e comércio eletrônico – são apresentados no **Capítulo 1**, de forma associada ao desenvolvimento das novas tecnologias.

O capítulo traz, ainda, uma análise das mudanças ocorridas na sociedade e das adaptações feitas pelas empresas para sobreviverem em um ambiente cada vez mais incerto e hipercompetitivo. Finalmente, discute-se o papel da informação na empresa atual, formas de gestão da informação e conceitos básicos sobre sistemas de informação.

Enriquecem os capítulos exemplos de **Vida Real** da Varig e da Petrobras.

Objetivos de Aprendizagem

- Compreender como fatores presentes no ambiente geral – competição, regulamentação, globalização e comércio eletrônico – afetam as empresas e como estas reagem a eles;
- Aprender conceitos introdutórios sobre comércio eletrônico, negócios eletrônicos e sistemas de informação;
- Analisar o papel da informação em contextos empresariais e formas de gestão da informação;
- Refletir sobre o fenômeno da "ansiedade da informação".

1.1 Fatores que influenciam os negócios

Nos últimos cinco, dez anos, diversos fatores tiveram um impacto dramático na forma em que os negócios são operados. Podemos destacar quatro desses fatores que têm influenciado a forma como se fazem negócios em anos recentes. A disponibilidade e a redução do custo das tecnologias de informação tornaram-nas um recurso acessível a todos os tipos e tamanhos de empresas. Enquanto algumas organizações competem por clientes e recursos, outras escolheram associar-se; outras, ainda, decidiram buscar clientes em outras partes do mundo. Todas as empresas estão sujeitas às regulamentações e suas mudanças, que impõem limitações na sua forma de operar.

1.1.1 Competição

Sem a competição de outras organizações, que fornecem serviços e produtos similares, as empresas não teriam incentivo para melhorar e inovar seus produtos, ou para fornecer um serviço superior aos seus clientes, como também não teriam parâmetros para fixar seu preço. Por exemplo, o que a Telefônica, a Telesp Celular, a Embratel, a Telemar e a Telecom Brasil têm em comum? São todas concorrentes na indústria de telecomunicações, nos segmentos de telefonia fixa e celular. Particularmente, no segmento de telefonia celular, a competição para ganhar novos clientes e reter os clientes atuais é um fator crítico de sucesso para essas empresas.

> A competição empurra as empresas para a inovação, determina a fixação do preço de seus produtos e serviços e faz com que melhore a qualidade do serviço ao cliente.

A competição promove o desenvolvimento contínuo de serviços e de características novas para clientes. A página da Embratel na Internet oferece vários serviços para seus clientes, tais como a previsão diária do tempo do Instituto Nacional de Meteorologia; a possibilidade de ganhar pontos em seus programas de fidelidade, com chamadas interurbanas domésticas e internacionais; informações sobre prevenção de fraudes telefônicas e na Internet. A Telefônica, como seus concorrentes, oferece uma variedade de planos personalizados, de modo a adaptar-se às necessidades específicas de cada cliente. A Telemar mantém acordo com aproximadamente 15 bancos, permitindo que os clientes tenham suas tarifas mensais debitadas automaticamente em suas contas bancárias, eliminando a necessidade de enfrentarem filas nos bancos, todos os meses. Uma abordagem comum do marketing de todos esses concorrentes é simplificar a vida dos seus clientes, com medidas como dar acesso on-line às informações pessoais, ou disponibilizar graus de personalização dos serviços, de forma rápida e fácil.

Similarmente, os fabricantes de *palm tops*, computadores e produtos relacionados enfrentam uma competição feroz. A Palm, a Compaq, a HP, a Handspring, a Diamond, a Royal e a Audiovox/Toshiba devem continuar a desenvolver características e potencialidades novas em seus produtos e a trabalhar em parceria com empresas de software, para assegurar a compatibilidade entre seus equipamentos e as aplicações escritas para os computadores de mão. Cada empresa tenta avançar no mercado com um *palm top* que seja mais leve, tenha uma bateria de vida mais longa, funcione mais rapidamente, mostre cores mais vibrantes em seu monitor ou tenha funções múltiplas.

A competição pode forçar uma empresa a jogar constantemente uma queda-de-braço, ou, se estiver em uma posição da liderança, sofrer continuamente pressão para inovar e estender seu compromisso com produtos, preços e serviços melhores. Nos Estados Unidos, o Wal-Mart, do setor varejista, transformou-se na maior empresa do país, em 2002. Como a Wal-Mart superou concorrentes como Sears, JC Penney, Target e Kmart? Prestando uma atenção cuidadosa na minimização dos seus custos operacionais, fazendo investimentos e, ao mesmo tempo, usando complexas tecnologias de informação para apoiar seu relacionamento com fornecedores. Também, o Wal-Mart é conhecido pelo seu compromisso de serviço de excelência ao cliente – um legado de seu fundador, Sam Walton.

1.1.2 Regulamentação

As regras e os regulamentos criados e impostos pelos governos ou fontes não-governamentais podem alterar significativamente a forma de atuação de uma empresa. Considere, por exemplo, o ambiente em que os bancos operam. Altamente regulados pelo governo federal, estes devem seguir as normas e leis que foram estabelecidas para proteger os clientes, bem como aquelas que detalham quais os serviços que podem ser oferecidos ou não pelas instituições bancárias.

O Unibanco é uma das maiores empresas brasileiras na área de serviços financeiros. Além de fornecer serviços tradicionais de operação bancária, opera um número de subsidiárias, incluindo o Cartão Unibanco (serviços de cartão de crédito) e a Unibanco AIG Seguros (serviços de seguro).

O Unibanco deve seguir todas as regras e leis aplicáveis ao setor bancário no Brasil. Essas leis estipulam limites para as taxas de juros que o banco pode cobrar de seus clientes em financiamentos, como o de um automóvel ou de uma casa. As leis prescrevem os tipos de informação que o Unibanco deve relatar ao governo, e com qual freqüência. Como possui ações negociadas em bolsa de valores, o Unibanco deve obedecer, ainda, às regulamentações da Comissão de Valores Mobiliários (CVM) e as regras de contabilidade brasileiras, ao preparar suas demonstrações financeiras.

A sua seguradora, a Unibanco AIG Seguros, também precisa seguir todas as leis brasileiras sobre seguros, inclusive ao desenvolver novos produtos. A empresa deve manter os registros necessários e preparar todos os relatórios requeridos pelos órgãos federais que regulam as seguradoras no Brasil. O descumprimento dessas regras resultaria em penalidades, multas, ou mesmo no encerramento das atividades de seguro do Unibanco.

Por outro lado, a desregulamentação é um processo de afrouxar as leis e regras governamentais sobre as formas de operação dos negócios. Portanto, a desregulamentação também é um fator que afeta a maneira de se fazer um negócio. Em anos recentes, no Brasil, a indústria das telecomunicações foi desregulamentada, começando em 1998, com um período de privatização. Apesar da privatização, foi criada uma agência governamental para continuar a controlar e supervisionar a indústria de telecomunicações, a Anatel. Neste tempo, a Anatel está procurando criar condições para o surgimento de um mercado competitivo no setor de telecomunicações, enquanto, ao mesmo tempo, busca reforçar os objetivos de melhoria da qualidade e universalização do serviço. O processo de desregulamentação, iniciado em 1998, resultou em uma indústria competitiva, conforme descrita na seção 1.1.1.

1.1.3 Globalização

Como a *Ford Motor Company* e a *Dow Chemical Products*, dois fabricantes americanos, vieram trabalhar juntas no estado da Bahia, no Brasil?

Em outubro de 2001, inaugurou-se o Complexo Ford Industrial Nordeste, na cidade baiana de Camaçari. A Ford e a Dow Automotive, uma divisão da Dow Chemical, têm trabalhado juntas no estágio inicial do desenvolvimento da fábrica baiana. A Ford convidou a Dow Automotive para ser fornecedora do molde de injeção para o Ford Fiesta[1]. Na verdade, a Dow Automotive fica situada, com outros 27 fornecedores, no Complexo Ford Industrial Nordeste[2].

Por que na Bahia? Não seria mais fácil para a Ford e a Dow trabalharem juntas nos Estados Unidos e, depois, transportarem os automóveis terminados para o Brasil? Por que a Ford gastou quase dois anos e US$ 2 bilhões para construir o Complexo Ford Industrial Nordeste? Por que enfrentar as dificuldades operacionais de uma fábrica no estrangeiro, tendo que interagir com empresas brasileiras de logística? Há muitas maneiras diferentes de fazer negócios, os sistemas legais e tributários variam, as culturas e as línguas são estranhas. Mas há clientes da Ford no Brasil, e esta foi a principal razão para que a Ford construísse sua fábrica avançada em Camaçari e reunisse seus fornecedores estratégicos naquele lugar.

> **Globalização**
>
> **É o processo de crescente interligação e interdependência entre as economias nacionais. Tem aspectos econômicos, sociais e culturais. Em um ambiente globalizado, os clientes, os fornecedores, os sócios, ou os concorrentes de uma empresa podem estar situados em países diferentes.**

A Ford e seus fornecedores podem compreender melhor as necessidades de seus clientes brasileiros ficando no Brasil, e, assim, adaptando seus parâmetros, como qualidade, design e preço.

Por que conduzir negócios com clientes e desenvolver relacionamentos de trabalho com empresas de outros países?

Uma razão é que pode haver um mercado maior para seus produtos e serviços em outras partes do mundo. Enquanto as oportunidades econômicas e os padrões de vida em outros lugares aumentam, os governos estão exercendo pressão para realçar a infra-estrutura dos seus países. A demanda por novas estradas e edifícios públicos é que levou a Cemex, fabricante de cimento mexicano, a expandir suas operações para as Filipinas e a Indonésia. Na Espanha, onde a situação econômica melhorou por causa da participação do país na Comunidade Européia, houve um movimento de aumento nos projetos de construção das obras públicas[3].

Uma segunda razão é que determinadas partes do mundo – especialmente a Ásia – são atrativas por causa das projeções de crescimento de suas populações e rendas pessoais. O presidente da Dell, fabricante norte-americano de computadores, quando perguntado por que tinha entrado no mercado chinês, simplesmente respondeu que "um bilhão e meio de pessoas é um mercado muito grande para ser ignorado". Os consumidores com níveis mais elevados de renda estão interessados em obter símbolos materiais de seu sucesso, como carros, casas, ou refrigeradores. Por exemplo, na Espanha, a Cemex está vendo crescer a demanda por seus produtos usados na construção de casas a partir de um desejo dos espanhóis e de outros europeus de construir uma segunda casa naquele país[4]. O grupo da PSA Peugeot Citroën, da França, empresa que deu origem às marcas de automóveis populares da Peugeot e da Citroën, escolheu expandir suas operações e focalizar seus esforços globais de vendas em regiões específicas do mundo: Europa central, China, os países do Mercosul (Argentina, Brasil, Paraguai e Uruguai) e aqueles mercados em que já existem uma demanda forte e um sentimento de lealdade para com os carros da Peugeot e da Citroën.

Uma terceira razão é que a colaboração em nível mundial pode colocar as organizações em contato com empresas de maior experiência, conhecimento ou nível tecnológico. A Airbus é uma empresa francesa de fabricação de aviões, com 17 instalações para produção e desenvolvimento, dispersas através da França, da Alemanha, do Reino Unido, da Espanha e dos Estados Unidos. A empresa tem mais de 46.000 funcionários, de mais de 50 nacionalidades. Os fornecedores, os desenhistas, as instalações produtivas e os núcleos de atendimento estendem-se em torno do mundo, nos Estados Unidos, na China e em Singapura. As seções do avião são produzidas em locais separados [fuselagem (Alemanha), asas (Inglaterra), cauda (Espanha), instrumentos e equipamento de bordo (França)] e transportadas, então, às fábricas de montagem final, situadas em Toulouse, na França, e em Hamburgo, na Alemanha[5]. Com a disponibilidade da tecnologia e a possibilidade de comunicar-se e compartilhar informação com os sócios internacionais, a maioria das empresas não vê mais sentido em se manter restrita aos negócios feitos exclusivamente com empresas dentro de suas próprias fronteiras nacionais.

Finalmente, custos mais baixos de mão-de-obra também incentivam empresas a estabelecer fábricas em outros países, desenvolver parcerias com produtores estrangeiros ou adquirir peças e subconjuntos de fornecedores estrangeiros. O México, a República Dominicana, a China, a Índia e a Tailândia são exemplos de países onde o custo da mão-de-obra é muito baixo, causando um deslocamento da produção para essas regiões.

A competição chinesa nas indústrias têxteis e a produção de peças de precisão resultaram na perda de milhares de postos de trabalho na região da cidade de Nova Iorque. *A Volkert Precisions Technologies, Inc.* perdeu aproximadamente 10% de suas receitas, em 2000, quando um de seus principais clientes preferiu contratar uma companhia chinesa. O salário médio para um empregado chinês no setor industrial é em torno de US$ 0,25 por hora, ao passo que o trabalhador em Nova Iorque custa em média US$ 14,40[6].

Qual o cúmulo da Globalização?

Uma princesa **inglesa** e seu namorado **egípcio** viajavam em um carro **alemão** dirigido por um motorista **dinamarquês** que encheu a cara de whisky **escocês** sendo perseguidos em alta velocidade por fotógrafos **italianos**, pilotando motocicletas **japonesas**. O carro bate em um túnel **francês** e a princesa é atendida por um médico **brasileiro**. Ela morre e seu corpo e levado para a **Inglaterra**.

1.1.4 E-Business

Há muitas maneiras de definir *e-business*. Nós escolhemos explicar este termo de uma forma mais ampla do que a maioria dos autores de livros sobre sistemas de informação gerenciais.

E-business

O uso de sistemas de informação e recursos tecnológicos para apoiar as atividades de negócio que ocorrem com parceiros internos e externos.

Quando as empresas usam sistemas de informação para facilitar as atividades e as comunicações entre seus empregados – aqueles dentro da organização –, nós definimos como e-business *interno*. Por exemplo, na Universidade Metodista de Piracicaba (Unimep), localizada no Estado de São Paulo, os funcionários podem acessar a rede da universidade e obter informações relevantes para os seus trabalhos. Eles também podem acessar o sistema de informação de recursos humanos da instituição e atualizar seus planos de benefício, registrar-se em programas de treinamento, alterar seus dados cadastrais, incluir um dependente em seus planos de saúde, etc.

> O e-business *interno* é o uso de sistemas de informação por pessoas da organização para apoiar as tarefas internas e as atividades necessárias para realizar seus trabalhos.

Um outro exemplo de e-business *interno*: o governo do Estado de São Paulo está no processo de conectar suas unidades administrativas, antecipando o projeto de *e-government* (governo eletrônico) do Brasil. A Companhia de Processamento de Dados do Estado de São Paulo (Prodesp) está trabalhando para conectar agências, como a Secretaria da Fazenda e o Palácio dos Bandeirantes, sede do governo estadual. Para o fim de 2004, antecipa-se que haverá mais de 20 mil pontos conectados à rede. O uso de e-business interno conectará as diferentes atividades do governo do estado, fazendo com que funcionem com mais eficácia[7].

A fábrica da Votorantim Celulose e Papel (VCP), em Piracicaba, utiliza sistemas de informação em quase todas as etapas da produção de papel. Usando máquinas dirigidas por computadores, os trabalhadores de VCP convertem a celulose – a substância extraída da madeira – em vários tipos de papel. As máquinas controlam o processo de produção, os trabalhadores mantêm as instalações da produção e fazem as alterações necessárias nos computadores, e os gerentes revêem os resultados diários da produção, recolhidos e armazenados em sistemas de informação. Os especialistas em controle de qualidade examinam amostras dos dados recolhidos por computadores para determinar se os processos precisam ser mudados. Em algumas atividades, o trabalho é completamente automatizado. Na fábrica, os sistemas de informação medem a espessura e o índice de umidade do papel, antes que continuem com o processo de produção.

> O e-business *externo* é o uso de sistemas de informação pela organização em suas interações com parceiros fora da organização: clientes, fornecedores, sócios e governo.

Já o e-business *externo* é o uso de sistemas de informação para executar atividades de negócio com os parceiros de fora da organização: clientes, fornecedores, sócios e governo. Esta é a mais comum e, provavelmente, a mais conhecida definição de e-business. O site Submarino, varejista da Internet, usa o e-business *externo* como o principal canal de venda de seus produtos. O seu modelo de negócio reside totalmente em práticas de e-business *externo*: o Submarino não tem nenhuma presença física, nenhuma loja a que os clientes possam ir para comprar seus produtos.

O Submarino também confia no e-business *externo* para executar suas atividades de compra, monitorando as quantidades de produtos que têm em seus armazéns. Quando as quantidades caem a um determinado nível, a empresa usa sistemas de informação para requisitar automaticamente os produtos de seus fornecedores, tais como máquinas de DVD da Philips ou perfumes de Hugo Boss.

Com a globalização, a Airbus (ver seção 1.1.3) passou a usar o e-business *externo* para manter contato com seus fornecedores e clientes internacionais. A Airbus usa a Internet como sua passagem para melhor servir a seus clientes e controlar sua cadeia de suprimentos[8].

O e-business *externo* também está sendo usado pelo governo brasileiro. O governo paulista estabeleceu a Bolsa Eletrônica de Compras do Governo do Estado de São Paulo (BEC/SP) para facilitar as atividades de compras para o estado. O sistema é baseado em licitações eletrônicas públicas, ajudando a reduzir os custos operacionais e os preços que o estado paga pelos bens e serviços[9]. A BEC/SP está usando as licitações eletrônicas públicas primariamente para comprar material de escritório, peças para automóveis e caminhões do governo, computadores e outras tecnologias de informação, equipamento de construção, remédios, alimentos e serviços profissionais. Um benefício adicional do sistema é que ele incentiva mais empresas a fazer negócios com o governo do estado.

> Comprasnet, o sistema da e-compras de governo federal, serviu como modelo para BEC/SP.

Agora que nós examinamos alguns dos fatores mais significativos que dão forma ao atual ambiente de negócios, vamos girar para uma discussão das mudanças na sociedade nos últimos 50 anos, e como essas mudanças afetaram a maneira como se conduz um negócio. Também olharemos para o papel crescente desempenhado pela informação nas organizações.

VIDA REAL
A agonia de um gigante

A Varig é a maior empresa de serviços de transporte do Brasil. Em 2002, tinha 32,1% do mercado e fechou o ano com uma receita operacional bruta de US$ 2.433,6 milhões, gerada por 16.993 funcionários.

Esses números, porém, ocultam um gigante com pés de barro. Em 2002, a Varig teve um prejuízo de US$ 251,9 milhões, e terminou o ano com uma dívida de US$ 900 milhões. De 1995 em diante, a empresa não conseguiu estancar o endividamento crescente, os prejuízos constantes e o esfacelamento de seu patrimônio.

Houve vários fatores ambientais que contribuíram para a decadência da Varig. Primeiro, o setor de transporte aéreo tornou-se mais **concorrido** (1.1.1), tendo chegado aos 32% de mercado apenas, em 2002, perdendo fatias substanciais para empresas como a TAM e, mais recentemente, a Gol. Com um modelo de baixos custos e tarifas econômicas, a Gol alcançou excelentes índices de ocupação em seus aviões, conseguindo diluir melhor os seus custos. Em 2002, a Gol teve 62% de assentos ocupados, contra 50% da Varig e, em janeiro de 2003, a Gol melhorou seu índice para 64%. Em apenas três anos de operação, a Gol conquistou 19,2% do mercado.

A Gol também foi a empresa que melhor se aproveitou do **e-business** (1.1.4). Todas as suas passagens são vendidas pela Internet, o que elimina a necessidade de manter lojas próprias, bem como a comissão normalmente paga às agências de viagem, sem falar na maior agilidade e na qualidade do serviço prestado ao cliente.

Após os atentados terroristas de 11 de setembro, nos Estados Unidos, as empresas de aviação comercial do mundo inteiro mergulharam em uma crise sem precedentes. Segundo dados da OIT – Organização Internacional do Trabalho –, mais de 210 mil pessoas que atuavam no setor perderam seus empregos, ao redor do mundo. Um acontecimento em outro país, mas que teve reflexos em todo o mundo, por causa da **globalização** (1.1.3).

Uma solução para a crise da Varig, proposta no início de 2003, foi sua fusão com a TAM. Unidas, as empresas melhorariam seus indicadores operacionais, podendo reduzir o número de aeronaves, eliminar rotas sobrepostas e, conseqüentemente, aumentar o índice de ocupação dos assentos. A proposta de fusão está sendo estudada pelo Cade, órgão governamental responsável pelo controle do ambiente competitivo nacional. Como o setor aéreo é altamente **regulamentado** (1.1.2), o DAC – Departamento de Aviação Civil – também deverá se manifestar sobre o assunto.

Outra ameaça para as companhias aéreas está na internacionalização. O governo vem anunciando a abertura do mercado aéreo brasileiro para participação estrangeira em até 25%. Com isso, gigantes internacionais, como American

> Airlines, Delta, US Airways e NorthWest, poderiam vir a competir com as brasileiras, trazendo ainda mais dores de cabeça para os acionistas da Varig.
>
> Elaborado a partir de informações extraídas de "Ceticismo cerca fusão entre Varig e TAM", Exame (6/02/03); "Gol aumenta passagens, mas mantém preço da ponte Rio-São Paulo", Exame (2/12/03); "Preparar para a decolagem", Exame (28/08/02); "O vôo do co-piloto", Exame Melhores e Maiores, 2002.

1.2 A sociedade informacional

1.2.1 A sociedade e suas mudanças nos últimos 50 anos

As tecnologias desempenham um papel fundamental nas transformações pelas quais passa a sociedade, chegando ao ponto de causar rupturas e a queda de um determinado modelo de civilização, com sua substituição por outro. Muitas vezes, as tecnologias moldam os valores, hábitos e costumes de uma sociedade de tal forma que passam a caracterizar uma imagem mais abrangente dessa sociedade.

Durante muito tempo, a humanidade encontrou sua sobrevivência em atividades puramente extrativistas. Vivia-se daquilo que se conseguia caçar, plantar e colher. Por cerca de dez mil anos, os homens exerceram preponderantemente a atividade agrícola, no que foi qualificado por Tofler como a primeira onda.

> Alvin Tofler, um autor americano, classificou a evolução da humanidade em três grandes "ondas". A primeira onda seria a agrícola, a segunda a sociedade industrial e a terceira a sociedade superindustrial.

Com a revolução industrial, surgiu uma sociedade de consumo de massa, com alta concentração de capital e poder, baseada na padronização, no sincronismo, na produção seriada, na divisão do trabalho, na especialização e no gigantismo das instituições.

No presente, vivemos uma fase de mudança, em que o modo antigo de se compreender e fazer ainda existe, mas vem sendo gradualmente substituído por novas maneiras, pensamentos, hábitos e culturas. Surgem novos estilos de vida, há uma maior diversificação e heterogeneidade, uma busca de individua-

> Adam Smith, economista clássico, em uma obra de 1759, A Riqueza das Nações, tratou das possibilidades de divisão do trabalho. Taylor, em 1911, adaptou a idéia e formulou as primeiras concepções de trabalho científico. Henry Ford levou a idéia para o chão de fábrica e concebeu a linha de montagem.

lização por parte do consumidor, que leva as empresas a customizarem sua produção.

> **Customização em Massa**
>
> A produção, em escala eficiente, de produtos únicos, por meio de avançados sistemas flexíveis de manufatura.

Customização em massa, conforme anteriormente conceituado, refere-se à provisão, economicamente eficiente, de produtos ou serviços que, de alguma forma, encaixem-se em especificações de um cliente individual. Para praticar a customização em massa, as empresas necessitam possuir grandes quantidades de dados sobre os clientes. Conhecê-los implica saber suas exigências, gostos, preferências, de modo a se conseguir obter uma sintonia fina que permita, por sua vez, a oferta certa, no momento certo, pelos canais certos.

> Hobsbawm, historiador, afirmou que hoje se pode "levar a cada residência, todos os dias, a qualquer hora, mais informações e diversão do que dispunham os imperadores em 1914".

As mudanças têm afetado praticamente todos os campos da existência. Processos como a revolução nos transportes na tecnologia e a globalização transformaram absolutamente a vida cotidiana das pessoas.

Em comparação com a década de 1950, em termos históricos, um intervalo pequeno, os lares atuais estão repletos de produtos inteiramente novos ou, pelo menos, significativamente aprimorados ou miniaturizados. As mudanças têm impacto direto sobre as empresas, tanto em virtude de efeitos sobre o ambiente no qual as mesmas estão inseridas como em relação ao leque de produtos e serviços que oferecem.

> Na Copa do Mundo de 1938, a viagem de navio do Brasil à França era feita em 15 dias. A maior preocupação do técnico da seleção brasileira era com o ganho de peso dos jogadores durante o percurso.

No campo dos transportes, o uso generalizado do avião por pessoas e para cargas, notadamente a partir do término da Segunda Guerra Mundial, *tornou o mundo menor*, facilitando a construção de um mercado global dinâmico e acarretando efeitos diretos sobre as decisões locacionais e alocativas das empresas. Seus efeitos foram pressentidos por alguns visionários, como o presidente norte-americano Roosevelt, que, já em 1939, afirmou: "Sem dúvida, em poucos anos, aeronaves cruzarão os oceanos tão facilmente como hoje cruzam os mares fechados europeus. A operação econômica do mundo será, portanto, uma unidade; qualquer interrupção em qualquer parte, no futuro, será uma fratura econômica em toda parte".[10]

> Até a década de 1830, uma carta postada na Inglaterra levava de 5 a 8 meses para chegar à Índia, e, devido às monções no Oceano Índico, a resposta poderia levar dois anos para chegar. Já em 1870, um telegrama chegaria a Bombaim em 5 horas e a resposta voltaria no mesmo dia. Na era da Internet, não há intervalo entre o envio e a recepção da mensagem.

Houve, notadamente, uma revolução nas comunicações. Primeiro, a invenção da imprensa e sua utilização em larga escala. Os livros, circulando abundantemente, desvelaram novos mundos e realidades. As formas de compartilhar informações e conhecimentos extravasaram para muito além dos locais compartilhados da vida cotidiana, e o intercâmbio de idéias deixou de estar vinculado à interações face a face. Depois vieram o telégrafo, o telefone, o rádio, a televisão, a Internet, meios de comunicação de massa, que criaram novas formas de ação e de interação no mundo social, novos tipos de relações sociais.

Com os meios de comunicação de massa, alteraram-se as condições de espaço e tempo sob as quais os indivíduos exercem alguma ação, surgindo a possibilidade da ação a distância. Nos dias atuais, você pode compartilhar o agora de uma pessoa que está no Japão, a milhares de quilômetros de distância, por meio de um telefone ou uma videoconferência. O distanciamento espacial deixou de significar distanciamento temporal.

Tabela 1
Velocidade da penetração de novas tecnologias de comunicação

Sistema	Lançamento Comercial	Atingiu 50 milhões de usuários no ano	Quando a população mundial era	Com um sistema para cada
Telefone	1900	1970	3,8 bilhões	76 pessoas
Rádio	1930	1968	3,7	74 pessoas
Televisão	1950	1964	3,2	64 pessoas
Internet	1990	1995	5,8	116 pessoas

Fonte: Superinteressante, Edição Especial, A Sociedade da Informação.

A tabela 1 demonstra como a penetração das novas tecnologias de informação está se acelerando. A recepção dos produtos de mídia já se tornou parte integrante do cotidiano das pessoas, e grande parte da realidade em que se vive é mediada. Em 2001, no fatídico 11 de setembro, boa parte da humanidade compartilhou, ao vivo, o drama dos nova-iorquinos, ainda que nunca tivessem pisado em Nova Iorque.

Outra face da revolução das comunicações foi a globalização dos meios de comunicação de massa e a comunicação instantânea. Ao longo do século XIX, foram organizadas sistematicamente redes de comunicação em escala global, com utilização de novas tecnologias que dissociaram a comunicação do transporte físico das mensagens. Houve o desenvolvimento dos sistemas de cabos submarinos, o estabelecimento de novas agências internacionais de notícias e a formação de organizações internacionais interessadas na distribuição do espectro eletromagnético. Em 1886, foi instalado o primeiro cabo transatlântico.

No campo social, nas últimas décadas, houve também mudanças drásticas, porém de caráter menos perceptível, dada a sua assimilação de forma continuada pelas novas gerações.

A primeira, e talvez a mais impressionante delas, são a urbanização e o conseqüente fim do campesinato. Este processo surpreende, sobretudo, quando se leva em consideração que, desde a era neolítica, a maioria dos seres humanos retirava seu sustento da terra, de atividades de criação ou da pesca. Às vésperas da Segunda Guerra Mundial, só havia dois países industriais onde a agricultura e a pesca empregavam menos de 20% da população: a Inglaterra e a Bélgica[11]. Já no início da década de 1980, com exceção da Irlanda e dos estados ibéricos, nenhum país ocidental tinha mais de 10% de sua população na atividade agrícola[12]. A humanidade tornou-se essencialmente urbana, à exceção da África subsaariana, do sul e sudeste da Ásia continental, e da China.

A concentração de grandes contigentes populacionais em cidades criou os chamados mercados de massa, para os quais as empresas tiveram que adotar abordagens específicas, como a produção em série, a padronização e o marketing nos meios de comunicação.

Outra transformação social de grandes conseqüências foi o crescimento de ocupações que exigem educação secundária e superior. Apesar de haver grandes massas populacionais ainda analfabetas, a demanda de vagas na educação secundária e superior multiplicou-se em ritmo extraordinário, o mesmo ocorrendo com o número de pessoas que tinham concluído ou estavam em fase de conclusão desses níveis educacionais. Essa pressão decorreu basicamente de dois fatores: as novas exigências da economia moderna – que passou a requerer muito mais professores, administradores e especialistas técnicos – e a percepção do ensino superior como válvula de ascensão social.

Essa massa crescente de universitários e graduados tornou-se um novo fator na cultura e na política. "Eram transnacionais, movimentando-se e comunicando idéias e experiências através de fronteiras com facilidade e rapidez, e provavelmente estavam mais à vontade com as novas tecnologias da informação[13]". São pessoas mais adaptadas à convivência em um ambiente global e interconectado.

Uma mudança demográfica mais tardia (acentuou-se a partir da década de 1980), porém com grandes desdobramentos, é o declínio das classes operárias industriais, causado, sobretudo, pelas transformações técnicas da produção. A maior parte dessas economizou, afastou ou eliminou a mão-de-obra humana, sendo que a ampla maioria das nações caminhou para modelos pós-industriais, com a predominância do setor de serviços.

Some-se, ainda, às profundas transformações sociais, a inserção crescente das mulheres no mercado de trabalho, o que, por sua vez, articula-se com uma série de mudanças culturais. Até a metade do século XX, a vasta maioria da humanidade compartilhava certas características, como a existência de casamento formal com relações sexuais privilegiadas para os cônjuges, a superioridade dos maridos em relação às esposas (patriarcado), dos pais em relação aos filhos e dos idosos em relação aos jovens. Segundo Hobsbawm, "quaisquer que sejam a extensão e a complexidade da rede de parentesco e dos direitos e obrigações mútuas dentro dela, uma família nuclear – um casal com filhos – estava geralmente presente em alguma parte" (1997, pág. 315). Na segunda metade do século XX, esses padrões começaram a se alterar, marcadamente pelo acentuado crescimento do número de divórcios.

> Na Inglaterra, em 1938, houve um divórcio para cada 58 casamentos. Na década de 1980, a proporção já era de um divórcio para cada 2,2 casamentos.

Entre as conseqüências mais diretas dessa transformação, está o crescimento acentuado de famílias chefiadas por mulheres sozinhas (solteiras ou divorciadas), bem como o aumento do número de pessoas que optaram por viverem sozinhas. Estas precisam de mais praticidade e eficiência em seus afazeres diários, requerendo, portanto, mais tecnologias que facilitem suas vidas.

Ainda no campo cultural, observou-se o surgimento de uma cultura juvenil específica e extraordinariamente forte, alterando-se o padrão de relacionamento entre as gerações. A juventude tornou-se claramente um agente social independente e almejado pelas empresas e profissionais de marketing. Uma das marcas desta cultura jovem e urbana foi o seu internacionalismo, com a incorporação, em escala planetária, de símbolos como o *blue jeans* e o *rock'n roll*. A cultura jovem tornou-se a matriz de uma revolução nos modos e costumes, ampliando-se o campo de comportamentos publicamente aceitáveis, prevalecendo o incentivo à experimentação e a freqüência, no cotidiano, de atitudes até então consideradas inaceitáveis ou desviantes.

Essa predominância desse tipo de cultura tem contribuído para facilitar o ingresso de novas marcas no mercado, novas tecnologias, assim como o surgimento de outros tipos de comportamento, o que abre espaço para experiências por parte das empresas.

Evidentemente, as mudanças que mencionamos, nos campos tecnológico, social e cultural não foram globalmente simétricas, afetando diferentemente, tanto em termos de intensidade como de época, os vários países e comunidades. No capítulo 7, vamos discutir um pouco esse assunto, com foco na questão da exclusão digital, que está ligada às disparidades no acesso a novas tecnologias entre países ou grupos de pessoas.

Apesar de sua assimetria, os sinais da mudança podem ser identificados por todo o globo. A finalidade de serem destacados esses câmbios é evidenciar que as pessoas estão enfrentando novos cotidianos e realidades. Em 50 anos, período de tempo ínfimo em termos históricos, a velocidade e o grau de transformações na vida das famílias tem aberto um novo leque de oportunidades e desafios para as empresas. Muitos produtos e serviços perderam sua razão de existir, enquanto surgiram, e têm surgido, novas necessidades sociais, as quais, por sua vez, requerem novos produtos e serviços. Assim, a dinâmica da mudança nas famílias tem impacto direto nos mercados, redesenhando, ou mesmo eliminando, alguns e criando outros.

Em termos macros, o contexto desses processos tem sido a crescente, e aparentemente irreversível, globalização, com a integração e interdependência sem precedentes das economias nacionais. A economia global passou a ter a capacidade de operar como uma unidade, em tempo real, e os limites temporais e espaciais têm sido suplantados pela revolução nos transportes e nas tecnologias de informação e de comunicação.

1.2.2 As transformações nas organizações

As empresas têm procurado se adaptar a essas mudanças por meio de várias estratégias de reorganização. Muitas das mudanças nas organizações tiveram como metas a redefinição de processos de trabalho e de práticas de emprego, introduzindo o modelo da produção enxuta e a perspectiva de economia de mão-de-obra, mediante a automação de trabalho, eliminação de tarefas e supressão de camadas administrativas.

A primeira e mais abrangente tendência de evolução organizacional é a transição da produção em massa para a produção flexível, ou do *fordismo* para o *pós-fordismo,* dando-se lugar à microssegmentação e à personalização. Os fundamentos do modelo fordista residiam em ganhos de produtividade obtidos por economias de escala, em processos mecanizados de produção padronizada, cujas bases eram as linhas de montagem, abrigadas nas grandes empresas verticalmente integradas, que adotavam a organização científica do trabalho.

> Os computadores da Dell só são feitos sob encomenda, atendendo aos requisitos de cada cliente individual.

Esses fundamentos tornaram-se insuficientes para responder dinamicamente à imprevisibilidade da demanda, à mundialização dos mercados e à rápida obsolescência dos equipamentos de produção com destino único. As novas tecnologias permitem a transformação das linhas de montagem típicas da grande empresa em unidades de produção de fácil programação, que podem atender às variações do mercado (flexibilidade do produto) e das transformações tecnológicas (flexibilidade do processo[14]).

A segunda grande tendência tem sido a crise da grande empresa e a flexibilidade das pequenas e médias empresas como agentes de inovação e fontes de criação de empregos. Ressalva-se, contudo, que as grandes empresas ainda detêm o poder econômico e a mais alta capacidade tecnológica. O que está sucumbindo é a grande empresa verticalizada como modelo organizacional.

As formas industriais, tais como a empresa verticalmente integrada e a pequena empresa comercial independente, encontraram-se incapazes de executar suas tarefas sob as novas condições estruturais de produção e mercado. Foi exigida a adoção de nova trajetória organizacional, voltada para o aumento da produtividade e competitividade no novo paradigma tecnológico e na nova economia global. As forças que ocasionaram tal mudança foram tanto externas (como a globalização, a reestruturação de setores e a regulamentação governamental) quanto endógenas (ameaça de entrada de novos concorrentes, diferenciação no custo, etc.). Na verdade, o que se busca, atualmente, é colocar "alma de pequena" dentro das grandes empresas, dando-lhes agilidade e flexibilidade para competir em um ambiente de grande incerteza e mudança.

Uma terceira evolução tem sido a adoção de novos métodos de gerenciamento, como a alteração nos sistemas de fornecimento (por exemplo, o *just in time*), com redução substantiva ou mesmo eliminação dos estoques, o controle da qualidade total, visando a um nível tendente a zero de defeitos e melhor utilização dos recursos, o envolvimento dos trabalhadores no processo produtivo, por meio do trabalho em equipe, a iniciativa descentralizada e maior autonomia para tomada de decisão nos níveis hierárquicos inferiores e horizontalização da hierarquia. Uma das características marcantes dessa tendência tem sido a abolição do trabalho profissional especializado e a busca de um novo perfil de funcionário, o especialista multifuncional, com habilidades para interagir cooperativamente.

Outra tendência é a formação de redes entre empresas – seja de forma multidirecional, entre companhias de pequeno e médio porte, seja com o modelo de licenciamento e subcontratação de produção sob o controle de uma grande empresa. Essas redes cooperativas distinguem-se da interligação de empresas de grande porte em sua forma tradicional de cartéis ou acordos oligopolistas. O fato de estar conectada em rede não exclui a possibilidade de a empresa concorrer com a sua parceira em todas as áreas não cobertas pela aliança estratégica, uma vez que os acordos dizem respeito a períodos específicos, bem como a mercados, produtos e processos determinados. Na indústria de tecnologia da informação (TI), esse tipo de aliança é particularmente importante, dado os elevados custos de P&D e o papel da inovação como uma das principais armas competitivas.

As redes entre empresas são facilitadas pelas tecnologias de comunicação de dados, que permitem o compartilhamento de sistemas e a redução da burocracia nas transações entre empresas, fato que vamos tratar com mais profundidade no Capítulo 5.

Essas mudanças nas empresas tiveram como objetivo a busca de maior efetividade, maior adaptabilidade e dinamização dos elementos dessa estrutura interna. A maioria das transformações foram tentativas de combinar capacidades de flexibilidade e coordenação, de modo a assegurar a inovação e a continuidade em ambiente de rápido crescimento. O alvo é o funcionamento da empresa como uma rede dinâmica e estrategicamente planejada de unidades programadas e autocomandadas, baseada na descentralização, participação e coordenação[15].

As tendências organizacionais evidenciam tentativas de respostas corporativas à nova realidade, surgida após a década de 1950, enfrentando-se desafios cada vez mais complexos e simultâneos, em um ambiente de mudanças aceleradas.

Em síntese, a habilidade da tecnologia da informação (TI) de automatizar, informar, integrar e transformar está radicalmente mudando a natureza do trabalho e as competências, papéis e requisitos dos trabalhadores. Cada vez mais, os trabalhadores estão envolvidos em fornecer serviços, em vez de meramente desempenhar trabalhos manuais. Os empregos estão expandindo e tornando-se crescentemente analíticos e intensivos em informação. Os grupos estão substituindo os indivíduos como unidade básica de trabalho, com seus membros representando um espectro amplo de habilidades, expertise e perspectivas. À medida que as capacidades da tecnologia aumentam, esses grupos podem incluir membros que vivem e trabalham ao longo do mundo em diferentes organizações. Ambientes virtuais de trabalho estão começando a surgir para acomodar as necessidades dos grupos de trabalho transitórios e virtuais. Essas mudanças na natureza do trabalho e dos trabalhadores têm amplas implicações sobre as práticas de gerenciamento dos recursos humanos organizacionais.

1.2.3 Características da sociedade informacional

> **Sociedade Informacional**
>
> "A sociedade da informação é a sociedade que está atualmente a constituir-se, na qual são amplamente utilizadas tecnologias de armazenamento, transmissão de dados e informações de baixo custo. Esta generalização da utilização da informação e dos dados é acompanhada por inovações organizacionais, comerciais, sociais e jurídicas, que irão alterar profundamente o modo de vida no mundo do trabalho e na sociedade em geral. No futuro, poderão existir modelos diferentes de sociedades da informação, tal como hoje existem diferentes modelos de sociedades industrializadas[16]."

Ao qualificarmos a sociedade atual como sociedade da informação, ou sociedade informacional, entendemos que está se configurando uma forma específica de organização social em que a geração, o processamento e a transmissão de informação tornam-se fontes fundamentais de produtividade e poder, sobretudo diante das novas condições tecnológicas surgidas neste período histórico. Evidentemente que a informação sempre existiu e também foi muito importante em outros contextos históricos. Porém, em uma sociedade informacional, esta permeia todas as esferas de atividade, começando com as atividades predominantemente econômicas e alcançando os objetos e hábitos da vida cotidiana.

Ela está atualmente a constituir-se, estamos atravessando um momento de virada, quando entram em alternância dois modelos diferenciados de sociedade. Certamente, ainda não estão totalmente explicitadas todas as bases dessa nova organização social. Importante notar que, embora não seja diretamente causada pela tecnologia, a sociedade informacional depende substancialmente dela, principalmente no tocante à transmissão e ao armazenamento das informações.

> "Vinte e um será o século do mundo sem fronteiras, marcado pela comunicação plena. Será o século da voz e da imagem chegando a qualquer lugar, não importa onde esteja."
> *Mensagem eletrônica do call center da Embratel, 3/07/01.*

Destaca-se, também, que a sociedade informacional está causando uma série de transformações nos mais variados campos da atividade humana, exigindo novas leis, novas formas de comercialização, enfim, adaptações que dêem conta das novidades dessa nova sociedade.

1.2.4 O que é informação

Para se chegar ao conceito de informação, é preciso entender, em primeiro lugar, o que são os dados. Dados são um conjunto de fatos distintos e objetivos, relativos a eventos. Num contexto organizacional, são utilitariamente descritos como registros estruturados de transações. Para Davenport, são observações sobre o estado do mundo[17]. São fatos brutos, entidades quantificáveis, que podem ser observados por pessoas ou tecnologias apropriadas.

É fácil capturar, comunicar, armazenar e transmitir dados. Quando você vai a um posto de gasolina, a data de sua ida, a quantidade de litros colocados, o valor pago, são dados. Quando você vai ao supermercado, cada item no seu carrinho será um dado no sistema de controle de vendas.

Os dados não têm significado inerente. Não fornecem elementos para julgamentos ou interpretações, bem como base sustentável para a tomada de ação. No exemplo do posto de gasolina, os dados obtidos não permitem inferir o motivo pelo qual você escolheu aquele posto e não outro, a probabilidade de você voltar, ou se a gasolina é boa.

Já informação são dados que fazem diferença ou dados dos quais se pode extrair significado. O sentido original do termo informação relaciona-se com "dar forma a", ou seja, mudar o modo como o destinatário vê algo, exercer algum impacto sobre o seu julgamento e comportamento.

Para Peter Drucker[18], informação são dados dotados de relevância e propósito. Quem os dota de tais atributos é o ser humano. Por mais simples que seja a entidade informacional – preço, consumidor, ano –, sua definição será sempre passível de discordância, o que torna mais difícil a transmissão e o compartilhamento de informações.

Uma dificuldade adicional é a confusão entre informação e o meio que a viabiliza. Não se compra o jornal pelo papel, mas pelo seu conteúdo. Não se paga para ter a fita de vídeo, mas para se assistir ao filme.

Segundo Davenport[19], dados transformam-se em informação a partir de algumas inferências, tais como:

- contextualização – sabe-se qual é a finalidade dos dados coletados;
- categorização – conhecem-se as sua unidades de análise ou os seus componentes essenciais;
- cálculo – podem ser analisados matemática ou estatisticamente;
- correção – os erros são eliminados;
- condensação – podem ser resumidos de forma mais concisa.

A informação tem algumas características interessantes. Os bens de informação têm, normalmente, um alto custo de produção e baixo custo de reprodução. Custa muito caro produzir um filme de cinema, porém é muito barato reproduzi-lo numa fita VHS. O Quadro 1 mostra um depoimento do magnata da indústria de software, Bill Gates, no qual discorre sobre os efeitos dessa situação.

Quadro 1

"Não sei se eles têm uma lucratividade tão baixa [os serviços providos pela Web]. Qualquer negócio que envolva propriedade intelectual, em que a maior parte dos custos são fixos, é um negócio de alta variância. Se o volume for menor do que o esperado, é um desastre: não há economia nos custos marginais. Só há custos fixos. Foi o que aconteceu com muitas empresas de telecomunicações e novos negócios de Internet. O volume era pequeno, e não dava para reduzir o custo fixo. Se não há como encolher o negócio, ele acaba não fazendo sentido. Mas, se você subestima o volume, como nós mesmos fizemos com o Windows ou com o Office, e a resposta é melhor que a esperada, então pode ser um negócio muito lucrativo, ainda que os preços sejam baixos.

Negócios como as revistas ou serviços na Web são baseados em propriedade intelectual. Quem conseguir volume, vai se dar muito bem; quem não conseguir, dança. No software para games, temos produtos como o Age of Empires ou o Flight Simulator. Ambos são muito lucrativos, mas há vários outros que nunca passaram do volume necessário para dar lucro. Temos de fechar e tentar de novo. Assim como no cinema, temos uma abordagem de portfólio. Gastamos o dinheiro antes de saber como é a demanda."

Fonte: Negócios Exame, julho 2001.

Não é outro o motivo pelo qual a indústria de software tornou-se uma das mais ricas e poderosas do mundo atual.

O conhecimento é uma "mistura fluida de experiência condensada, valores, informação contextual e insight experimentado, que proporciona uma estrutura para a avaliação e incorporação de novas experiências e informações". É a informação contextualizada, com significado, interpretada. Alguém refletiu sobre uma informação, acrescentou-lhe a sua própria sabedoria e considerou suas implicações mais amplas.

Para Davenport[20], as informações se transformam em conhecimento por meio de:

- comparação – de que forma as informações relativas a determinada situação comparam-se a outras situações conhecidas;
- conseqüências – que implicações essas informações trazem para as decisões e tomadas de ação;
- conexões – quais as relações deste novo saber com o conhecimento já acumulado;
- diálogo – o que as outras pessoas pensam dessa informação.

O conhecimento é entregue através de meios estruturados, tais como livros e documentos, e de contatos pessoa a pessoa, que vão desde conversas até relações de aprendizado. São elementos integrantes do conhecimento: a experiência – o ser submetido a teste, que transforma as idéias sobre o que deve acontecer em conhecimento sobre o que efetivamente acontece; a complexidade – pois o conhecimento não é uma estrutura rígida, que exclui aquilo que não se encaixa; o discernimento – é a capacidade de julgar novas situações à luz daquilo que já é conhecido e de se aprimorar em resposta a novas situações e informações; e a intuição – capacidade de enxergar padrões conhecidos em situações novas e responder de forma adequada. A intuição, particularmente, é uma experiência pragmática de tentativa e erro, ou a busca de soluções para novos problemas, por meio de problemas previamente solucionados. Por isso, alguns autores costumam referir-se à intuição como "experiência condensada".

Assim, de forma resumida, pode-se dizer que um dado se transforma em informação quando é acrescido de significado, assim como uma informação se transforma em conhecimento quando se reflete sobre ela, interpretando-a com um sentido pessoal.

1.2.5 Como a informação flui nas organizações

A situação ideal é que a informação flua naturalmente dentro das organizações. Entretanto, algumas pessoas ainda consideram que a informação é uma fonte de poder, e, por isso, é retida. O Quadro 2 mostra algumas formas de se tratar a informação dentro das organizações.

Quadro 2

Federalismo	Poucos elementos precisam ser definidos e administrados centralmente, enquanto o restante pode sê-lo pelas unidades locais.
Feudalismo	Os gerentes das unidades têm o controle de seus ambientes de informação, como senhores feudais em seus castelos isolados. O resultado é uma concentração quase exclusiva nos objetivos informacionais das unidades, sem considerar as questões mais amplas do negócio.
Monarquia	Um indivíduo ou uma função controla a maior parte das informações de uma empresa. O 'monarca' especifica que tipo de dados são importantes, estabelece significados para elementos-chave, e até mesmo procura controlar o modo como a informação é interpretada.
Anarquia	Cada um por si. Surge quando abordagens mais centralizadas falham ou quando nenhum alto executivo percebe a importância da informação comum para o funcionário efetivo da empresa.

Fonte: Davenport, 2001, pág. 92.

O modelo federalista é considerado o mais apropriado para as organizações. Compartilhando abertamente informações cruciais e baseando decisões num conjunto comum de números, o procedimento flui e são garantidas interações harmoniosas entre as unidades, o que leva a processos eficientes, produtos de alta qualidade, baixos inventários e clientes satisfeitos.

Quando o ex-presidente da Telemar Manoel Horácio deixou o cargo, em maio de 2001, os 32 mil funcionários receberam a notícia ao mesmo tempo, em seus computadores. Os executivos da empresa consideraram importante que eles soubessem, pela via oficial interna, antes da imprensa. Como estes estavam espalhados em 16 estados brasileiros, não foi uma tarefa trivial, somente alcançada com o uso das tecnologias de informação. Gestão da informação, contudo, é muito mais do que a mera troca de mensagens por e-mail. Significa usar a rede interna para controle e gestão de processos, troca de práticas, experiências e valores.

No modelo feudalista, as empresas encontram dificuldades para operar processos integrados, obter vendas cruzadas ou compartilhar componentes em diferentes produtos. Assim que se começa a motivar os chefes de unidades e de departamentos a falsificar previsões, e também a esconder ou manipular informações cruciais, são destruídos, gradualmente, os efeitos salutares do compartilhamento de informações. A anarquia tornou-se uma possibilidade com a introdução e o aumento do uso do computador pessoal. Cada um passou a poder, com facilidade, montar e gerenciar o seu próprio banco de dados.

1.2.6 Surgem os Sistemas de Informação

Os sistemas de informação são aqueles que coletam ou armazenam dados, submetendo os mesmos a um processamento que os transforma em informações. Produtos de informação podem ser fotos, textos, vídeos, etc., porém os mais clássicos em ambientes empresariais são os relatórios.

Uma vantagem da perspectiva sistêmica é entender a empresa como um conjunto de partes interdependentes e inter-relacionadas, inseridas em um ambiente (o qual afetam e pelo qual são afetadas), voltadas para alcançar um determinado objetivo. Essa visão supera a compartimentalização rígida dos diversos setores da empresa, por si só uma barreira para o fluxo de informações.

O fluxo de informação entre as partes é, também, uma condição necessária e indispensável, pois as partes dependem fundamentalmente da informação para realizar a coordenação entre si.

Os sistemas de informação surgem com o objetivo de suprir essa necessidade, agilizando e automatizando o fluxo de informação entre as diferentes partes de uma empresa.

VIDA REAL
Transformando óleo em bits

A Petrobras é a maior empresa estatal brasileira, detendo 58,1% das vendas no setor químico e petroquímico. Ao final de 2001, tinha uma produção diária de 1,37 milhão de barris e fechou aquele ano com um lucro de US$ 4,5 bilhões e vendas de US$ 30,8 bilhões. Isso em uma época de queda do preço do petróleo no mercado internacional.

A Petrobras também se destaca pela geração de riqueza por empregado. Seus 32.941 funcionários geraram 627.293 dólares per capita em 2001.

Seus principais executivos apontam como uma das principais causas deste excelente desempenho os ganhos de produtividade e o aumento da eficiência operacional. Também consideram relevante o aprimoramento contínuo dos hábitos de gestão.

Em outubro de 2001, foi instalada na sua sede, no Rio de Janeiro, uma "sala de guerra", ou "cockpit", como apelidaram carinhosamente seus funcionários. Nesse centro de comando, a cúpula da empresa tem acesso a todos os sistemas informatizados da corporação, tudo mostrado em uma tela de 4m de largura por 1,5m de altura. Também podem fazer videoconferências com qualquer uma das outras sedes da empresa, espalhadas por 11 países.

O "cockpit" é apenas um símbolo de uma grande transformação digital vivida pela empresa. Em 2002, havia 200 projetos de tecnologia da informação sendo desenvolvidos. Um deles visava a criar um mecanismo de controle que permitirá detectar falhas em qualquer um dos computadores das subsidiárias, e até mesmo disparar ordens de manutenção.

O objetivo maior das mudanças, segundo seus principais executivos, foi aprimorar a visão de negócios e tornar a empresa mais ágil e com uma administração mais eficiente. A partir dessas mudanças, espera-se que os funcionários usem os computadores para alimentar a diretoria com informações precisas. E os computadores também transmitirão mensagens no sentido inverso, buscando disseminar entre os quase 38 mil funcionários da empresa os rumos estratégicos da organização.

Porém, esse sistema só funcionará adequadamente se todos os dados inseridos forem exatos. Um zero a mais em um pedido de um lote de catalisadores – um dos principais materiais utilizados no refino de petróleo – pode fazer explodir o custo do refino, que é um dos indicadores de desempenho mais importantes de uma refinaria. Por isso, a empresa já fez uma campanha de conscientização sobre a importância da qualidade de cada dígito colocado nos sistemas da companhia.

Elaborado a partir de informações extraídas de "De pé e vitoriosa, depois do susto", Exame Melhores e Maiores, 2002; "Pilotando por instrumentos" e "Você tem dado redondo – informação é assunto sério na Petrobras", Exame (09/07/02).

Leitura Complementar
Os efeitos danosos da overdose de informação

Atualmente, as pessoas são bombardeadas com uma grande quantidade de informações, das mais variadas fontes. Somente na Internet, em 2000, já havia 550 bilhões de documentos, e a informação on-line estava crescendo à taxa de 7,3 milhões de páginas por dia[22]. Estudos apontam que os funcionários recebem, em média, 192 mensagens por dia, seja por e-mail, *voice mail*, cartas, ou chamadas telefônicas[23]. Uma edição diária da Folha de S. Paulo contém mais informações do que aquelas a que uma pessoa comum que viveu na Idade Média teria acesso, ao longo de toda a sua vida.

As pessoas estão começando a se sentir sobrecarregadas pela explosão de informações que precisam para se manter atualizadas. O problema não está na posse destas, mas na capacidade de separar as verdadeiramente importantes das que apenas parecem ser – e analisá-las a tempo de tomar alguma decisão.

Ocorre, então, um fenômeno que vem sendo denominado de "ansiedade de informação", ou seja, o "resultado da distância cada vez maior entre o que compreendemos e o que achamos que devíamos compreender[24]". É um buraco negro entre dados e conhecimento, e que acontece justamente quando a informação não nos diz o que queremos ou o que precisamos saber.

> "Não fico impressionado com as informações que meus amigos executivos obtêm. Pelo contrário, fico deprimido. Quanto mais computadores eles têm, quanto mais dados obtêm, menos informação de fato possuem, porque, sem meias palavras, estão mal direcionados. Estão desorientados com os dados que seus computadores produzem, não com a informação de que necessitam. O computador é como a lista telefônica: é preciso saber o que se procura."
> Peter Drucker, Folha de S. Paulo, 22/04/01.

Em 2004, a CIA e o FBI, órgãos de segurança do governo norte-americano, apresentaram relatórios que indicavam que ambas as agências tinham diversas pistas sobre o que aconteceria em 11 de setembro, como e-mails, telefonemas rastreados e similares. Estas permaneceram isoladas em sistemas diferentes, de forma fragmentada, impedindo que fossem transformadas em informações que subsidiassem aqueles órgãos na tomada de alguma ação preventiva.

Governos, empresas e cidadãos nunca tiveram tantas ferramentas para encontrar e disseminar informações como agora. O perigo é que elas tornam mais difícil distinguir o importante do banal.

QUESTÕES DE REVISÃO

1. Para cada indústria abaixo, analise os impactos dos quatro fatores da macroconjuntura que foram tratados neste capítulo, destacando qual teve a maior influência, na sua opinião. Explique.

    a. transporte;

    b. turismo;

    c. hospitalidade & lazer;

    d. educação (ensino) superior;

    e. metais e minar;

    f. agricultura;

    g. varejo;

    h. mídia;

    i. saúde.

2. Investigue e avalie o nível de competição nas seguintes indústrias:

    a. seguro;

    b. bancária;

    c. linhas aéreas;

    d. imóveis;

    e. alimentos.

3. Como a regulamentação afeta empresas das indústrias alistadas abaixo?

    a. fabricantes do aeroespaço e da defesa;

    b. químicos;

    c. computadores;

    d. saúde;

    e. energia e utilidades;

    f. transporte.

4. Escolha três empresas em cada uma das indústrias listadas abaixo e reflita sobre como a globalização as afetou.

a. linhas aéreas;

b. hospitalidade & lazer;

c. bancária;

d. telecomunicações;

e. agricultura.

QUESTÕES DO PROVÃO

Hélio Ribeiro é um freqüente comprador de livros de marketing pela Internet. Ele prestigia a livraria virtual Virtulivro, da qual é cliente há quatro anos. Hélio percebe que a Virtulivro pratica a estratégia de customização em massa quando observa que o site:

a) sugere-lhe novos títulos, baseado nas suas compras anteriores;

b) apresenta uma grande variedade de títulos;

c) cobra preços mais baixos do que as filiais reais;

d) oferece uma variedade de títulos muito maior do que as lojas reais;

e) é especializado em livros de marketing.

A globalização tem imposto mudanças em diversos aspectos do mundo de negócios. Várias são as técnicas utilizadas pelas organizações para enfrentar esse novo cenário, tais como *downsizing*, delegação e equipes interfuncionais. Contudo, a utilização dessas técnicas deve vir acompanhada de um enfoque gerencial denominado *empowerment*, que significa o fortalecimento do poder decisório dos indivíduos de uma empresa, tendo como condição inerente e necessária à sua utilização:

a) a intolerância a erros de decisão;

b) a circulação restrita das informações gerenciais;

c) a competência decisória dos gestores;

d) a flexibilização da missão da empresa;

e) a inexistência de sistemas de recompensas.

RESUMO

- Considerando-se a macroconjuntura, quer seja, o ambiente em nível global, há quatro grandes fatores que afetam a forma como são realizados e conduzidos os negócios: o aumento intensivo do nível geral de competição no mercado e a mudança dessa competição para a arena planetária; o processo de regulamentação e desregulamentação em diversos países, como tentativa de proteção aos interesses nacionais; a globalização, manifestada como uma crescente interdependência entre as nações e como uma perda de autonomia dos estados nacionais; e, por fim, a ampla difusão do comércio eletrônico, tendo como coluna vertebral a Internet.

- A sociedade humana passou por grandes mudanças ao longo do século XX. Surgiu o avião, que tornou o mundo menor e mais acessível. Criaram-se os sistemas de comunicação global e instantânea. A população se urbanizou, concentrando-se em grandes cidades. Mudou o perfil do trabalhador, que deixou de ser predominantemente industrial para atuar na área dos serviços. Mudaram a cultura, os modos de vida e os hábitos. Essas mudanças exercem impactos significativos sobre as empresas.

- Estas buscaram se adaptar às mudanças ocorridas na sociedade de várias formas: implementaram sistemas flexíveis de produção, capazes de manter os benefícios da escala, mas também atendem aos anseios de exclusividade por parte dos clientes, no processo de customização em massa; buscaram se desburocratizar e tornaram-se mais ágeis; e reduziram os níveis hierárquicos e implementaram novos métodos de gestão.

- A sociedade informacional é uma sociedade em que o principal insumo torna-se a informação, e a principal competência a de processar essa informação de modo a transformá-la em conhecimento. Esta sociedade tem características próprias, que a tornam essencialmente diferente daquela industrial.

- As empresas têm tratado a gestão da informação de formas diferenciadas. Algumas ainda entendem que informação é poder e, por essa razão, concentram ao máximo a posse desta em alguns poucos postos executivos. Outras entendem que o compartilhamento da informação pode representar uma grande vantagem competitiva.

Notas

1. Miel, R. "Dow to injection mold for Ford in Brazil", Plastics News 14(42), December 16, 2002, p. 4.
2. Ford no Brasil. Ford Web site. http://www.ford.com.br/fordnobrasil/fabricas.asp
3. "Cemex: global growth is on track", Institutional Investor Americas 36(10), October 2002, p. S1.
4. Idem.
5. Airbus Today. Airbus Web site. http://www.airbus.com/about/organisation.asp
6. Fredrickson, T. "China's great leap spells big trouble; country's tech sophistication, low wages drain work from New York companies", Crain's New York Business 18(40), December 2, 2002, p. 1.
7. Histórias de sucesso. Telefonica Web site. http://www.telefonicaempresas.com.br/www/sessoes/solucoes/historias_sucesso
8. "Business value of extended enterprise collaboration: an executive roundtable discussion sponsored by EDS and hosted by IndustryWeek", Industry Week 252(1), January 2003, p. 42.
9. Bolsa Eletrônica de Compras Web site. http://www.becsp.com.br/
10. Kissinger, H. *Diplomacia*, São Paulo: Editora Univercidade, 1999, p. 412.
11. Hobsbawm, Eric. *Era dos extremos* – o breve século XX. São Paulo: Companhia das Letras, 1997, p. 285.
12. Hobsbawm, Eric. *Era dos extremos* – o breve século XX. São Paulo: Companhia das Letras, 1997, p. 285.
13. Hobsbawm, Eric. *Era dos extremos* – o breve século XX. São Paulo: Companhia das Letras 1997, p. 292.
14. Castells, Manuel. *A sociedade em rede*. São Paulo: Paz e Terra, 1999, p. 174.
15. ibidem. p. 187.
16. Assmann, Hugo. A metamorfose do aprender na sociedade da informação. Revista Ciência da Informação, vol. 29, n. 2, maio/ago. 2000, p. 7-16.
17. Davenport, Thomas. *Ecologia da informação*. São Paulo: Futura, 2001.
18. Drucker, P. – *The coming of the New Organization*. Harvard Business Review, janeiro/fevereiro de 1998.
19. Davenport, Thomas. *Ecologia da informação*. São Paulo: Futura, 2001.
20. Idem.
21. Davenport, Thomas. *Ecologia da informação*. São Paulo: Futura, 2001.
22. Terra, José Cláudio Cyrineu; Gordon, Cindy. *Portais corporativos* – a revolução na gestão do conhecimento. São Paulo: Negócio Editora, 2002.
23. Idem.
24. Wurman, Richard. *Ansiedade de informação* – como transformar informação em compreensão. São Paulo: Cultura Editores Associados, 1999.

2

Os Processos de Negócios

Abertura

No **Capítulo 2**, são apresentados os macroprocessos dos negócios – marketing, finanças, recursos humanos, cadeia de suprimentos, ciclo de vida de produto – e as formas pelas quais os mesmos estão sendo profundamente alterados com o advento das novas tecnologias. Diante de um ambiente hipercompetitivo, não é mais a grande empresa que absorve a pequena, mas a empresa mais rápida absorvendo a lenta. O uso das tecnologias no processo de gestão tem como principais objetivos dar mais agilidade e reduzir custos.

O capítulo é enriquecido por inúmeros exemplos práticos, bem como dois casos de **Vida Real**: Lojas Americanas e Renault.

Objetivos de Aprendizagem

- Identificar quais são os principais processos de gestão dentro de uma empresa, e como os recursos de tecnologia da informação podem ser usados para apoiá-los;
- Compreender os objetivos e o funcionamento de sistemas como *Customer Relationship Management (CRM), Enterprise Resource Planning (ERP), Human Resources Management (HRM), Supply Chain Management (SCM)* e *Product Life Management (PLM)*;
- Analisar exemplos práticos de aplicação desses sistemas em empresas.

2.1 Gestão do Relacionamento com o Cliente (CRM)

"Você tem o Cartão Mais"? Essa se tornou uma pergunta comum para quem freqüenta as lojas do grupo Pão de Açúcar. O Cartão Mais foi lançado pelo Grupo como uma ferramenta para aprimorar o relacionamento com o cliente, buscando fidelização e personalização do marketing. Quando a resposta é positiva, o atendente solicita o cartão e registra o seu número antes de começar a passar as compras pelo computador, que funciona como caixa registradora. Isto é feito primeiro porque determinados produtos já vêm com desconto para os clientes do Cartão Mais.

Porém, mais importante do que conceder descontos, é o conhecimento que se adquire sobre o cliente. No momento em que ele utiliza seu cartão, suas compras ficarão registradas nos bancos de dados do Pão de Açúcar. É verdade que, de qualquer forma, elas seriam registradas, mas a diferença é que, com o uso do cartão, aquelas compras específicas ficarão associadas ao seu nome. Assim, o Pão de Açúcar saberá qual é o seu molho de tomate predileto, o tipo de ovo de páscoa que você comprou o ano passado, se você tem ou não o hábito de comprar panetone no Natal, ou, ainda, se você tem filhos pequenos. Enfim, por meio dos dados armazenados, o supermercado poderá traçar um padrão para suas compras e utilizá-lo para desenvolver iniciativas individualizadas de marketing. A intenção é conhecer cada cliente tão bem que seja possível oferecer a loja certa para o cliente certo. Em uma loja da rede em São Paulo, por exemplo, mapeou-se quem já havia comprado sucos, oferecendo-se, então, como brinde, pacotes de suco de uma nova marca. O resultado foi um crescimento de quase 50% no consumo desse tipo de bebida naquela loja, nas semanas seguintes[1]. Os executivos do grupo esperam que essa maior proximidade com os consumidores se torne uma das maiores vantagens competitivas da rede.

Esse tipo de iniciativa se encaixa no que vem sendo chamado de CRM – Gestão do Relacionamento com o Cliente (*Customer Relationship Management*). Alguns autores consideram que o CRM é meramente um software. Na verdade, é muito mais uma filosofia de negócio, que tem como fundamento o entendimento do cliente, buscando compreender e influenciar o seu comportamento, mantendo uma comunicação significativa, de modo a melhorar as compras, a retenção, a lealdade e, também, o retorno que propiciam à empresa[2].

> **CRM**
>
> O produto ou serviço certo, para o cliente certo, pelo preço certo, na hora certa, pelos canais certos, para satisfazer os desejos ou necessidades específicas dos clientes[3].

Estudos indicam que, ao longo de sua vida inteira, uma família de quatro pessoas tenha gastos totais com supermercados em torno de US$ 250.000. Dados adicionais indicam, ainda, que isso parece ser somente metade dos gastos que essa família fará com compras relacionadas a alimentos[4]. Aplicando sua ferramenta de CRM, o grupo Pão de Açúcar não está pensando somente na próxima compra que o cliente fará, mas também no total de compras que fará ao longo de sua vida. Manter um bom cliente representa um fluxo contínuo e sólido de boas receitas.

O padeiro da esquina já faz CRM há muitos anos. Com o passar do tempo, vai conhecendo cada cliente, suas preferências, seus hábitos de consumo. O José que gosta do *pãozinho mais moreninho*, a Maria que gosta da muzzarela fatiada *bem fininha*, etc. Para isso, não precisa de nenhum software, apenas de seu conhecimento pessoal dos clientes.

Porém, em organizações que atendem milhares de clientes, tornou-se extremamente complexo administrar o relacionamento com os mesmos de forma individualizada. Assim, embora o CRM não seja um software, ele somente se torna viável com o uso intensivo das novas tecnologias de informação, como sofisticados bancos de dados, caixas informatizados, etc.

O marketing direto surgiu na década de 1960, inicialmente como uma estratégia de comunicação direta com o cliente, tendo evoluído para uma estratégia de comunicação e comercialização direta de produtos com os clientes, dispensando intermediação de terceiros. O CRM começou a ganhar força na década de 1990, como uma evolução do marketing direto. É uma estratégia que pretende construir uma relação duradoura com o cliente, baseada em colaboração, compromisso, parceria, investimento, benefícios mútuos e, principalmente, confiança. A fidelização é o primeiro nível do marketing de relacionamento, com iniciativas voltadas para reter o cliente por meio de ações integradas, sistemáticas e contínuas de comunicação e promoção, gerando freqüência e repetição de compra por parte dos clientes, recompensando-os por isso.

Antigamente, a falta de integração dos sistemas de informação era um dos maiores empecilhos para o conhecimento do mercado. As empresas geralmente possuem dados relevantes sobre seus clientes, mas estes ficam dispersos em diversos departamentos, que, para dificultar ainda mais, trabalham de forma isolada na maior parte das organizações. Com isso, aconteciam muitos deslizes, como o narrado por uma executiva do Ibmec, escola de negócios em São Paulo. A escola costumava enviar malas-diretas sobre seus cursos para pessoas que já estavam fazendo os cursos[5]. Oferecer uma vaga em um MBA em Finanças para um aluno do próprio MBA em Finanças não faz muito sentido.

O Ibmec identificou que as falhas aconteciam principalmente por causa da ausência de um sistema comum em suas centrais de atendimento, espalhadas em três cidades: as unidades do Rio de Janeiro e de São Paulo utilizavam sistemas diferentes, enquanto a unidade em Belo Horizonte usava somente uma planilha eletrônica. A escola passou, então, por um processo de implantação de CRM, com o objetivo de conhecer o histórico e os interesses de cada aluno, bem como os daquelas pessoas que chegavam a procurar a escola, mas não se matriculavam[6].

Um profissional de marketing não precisa entender os detalhes da tecnologia, mas deve, cada vez mais, compreender as ferramentas disponíveis para criar relacionamentos interativos com os clientes, além de construir "info-estruturas" para coletar, armazenar e distribuir informações sobre o mercado.

Info-estrutura

Bases de conhecimento sobre clientes, armazenadas em bancos de dados ou *data warehouses*, e as tecnologias de informação que as sustentam.

Com a utilização das ferramentas de CRM, as empresas passam a ter melhores condições para classificar e atender seus clientes de forma mais efetiva, passando a conhecê-los mais intimamente e a utilizar esse conhecimento para alavancar suas receitas. Swift[7] aponta as possibilidades que surgiram com o uso do CRM, tais como:

1. "saber quem são seus clientes e quem são seus melhores clientes;
2. estimular as compras deles ou saber o que eles não vão comprar;

3. saber a hora e como eles compram;
4. conhecer as preferências e torná-los clientes leais;
5. definir as características que definem o cliente grande/lucrativo;
6. modelar canais que são melhores para atender às necessidades dos clientes;
7. predizer o que eles podem ou irão comprar no futuro;
8. reter os melhores clientes por muito mais tempo".

O CRM, portanto, opera em quatro dimensões: conhecimento sobre o cliente, criação de produtos diferenciados e personalizados, atração de novos clientes rentáveis e retenção prolongada dos clientes antigos.

Figura 2.1
Exemplo de CRM

A Figura 2.1 mostra um exemplo de CRM. O site Submarino, uma empresa exclusiva de comércio eletrônico, cadastra todos os seus clientes, mapeando suas preferências. No momento em que você faz sua primeira compra, preenche um vasto cadastro, no qual coloca informações pessoais e demográficas (nome, idade, sexo, endereço, etc.), e também informações sobre seus gostos (música clássica, determinado tipo de leitura, esportes, etc.). A partir desse cadastro, o Submarino passa a enviar-lhe e-mails personalizados, com ofertas que estejam de acordo com suas preferências. Com o tempo, além das informações do cadastro inicial, o site passa a usar informações das suas compras, buscando identificar um padrão qualquer.

A Credicard, maior administradora de carões de crédito no Brasil, tem 6 milhões de clientes, que processam 20 milhões de transações por mês. Essas transações geram, por sua vez, uma montanha de dados, que ficam armazenados nos sistemas da empresa. Nas palavras do presidente da Credicard, Hector Nevarez, esses dados são ouro na forma de bits, pois a empresa os utiliza para antecipar o comportamento dos clientes e direcionar suas estratégias de marketing. Por meio de ferramentas de CRM, a Credicard lança mais de 500 campanhas direcionadas por ano[8].

A chave para o sucesso do CRM é o desenvolvimento de bancos de dados cada vez mais sofisticados, que permitam atender ao mercado em seus vários segmentos, com um nível de precisão cada vez maior. Os profissionais de marketing precisam entender muito das preferências comerciais, dos estilos de vida e dos desejos dos clientes, tanto dos atuais como dos em perspectiva.

O CRM é totalmente dependente de um local centralizador de dados detalhados sobre os clientes, seus comportamentos e suas preferências, incluindo especificidades sobre privacidade de dados: o *data warehouse*. É um conjunto de técnicas e produtos que, integrados, alimentam um sistema completo de apoio à decisão.

Os *data warehouses* do Wal-Mart mantêm 65 semanas de dados detalhados de cada venda, em cada registro, para cada uma de suas mais de 3.000 lojas, para cada produto e para cada tamanho/formato/cor. Em agosto de 1999, o Wal-Mart anunciou que seus *data warehouses* ultrapassaram a marca de 100 *terabytes* de dados armazenados. Isso representa 100.000.000.000 de espaço de dados disponível para utilização orientada, para ação de gerenciamento analítico e de negócios.

A Sears tinha 18 bancos de dados separados (Vendas, Distribuição, Finanças, Estoque, etc.). Unificou em um só *data warehouse*, que suporta gerenciamento de nível superior até o nível de loja, fornecendo mais de 2.500 soluções de relatórios padronizados e mais de 3.000 usuários potenciais por dia. Seja o presidente da empresa, seja o fornecedor, estarão vendo os negócios do mesmo modo.

Para explorar os dados armazenados nesses gigantescos armazéns, é necessário um tipo especial de técnica, a mineração de dados (*data mining*). É o processo de garimpagem que descobre relações não visíveis dos bancos de dados. Trata-se da descoberta do conhecimento que se esconde em qualquer empresa. A mineração de dados tem uma função dupla:

- Converter dados e informações em conhecimento, de forma que se possam tomar as decisões corretas; e
- Fornecer os mecanismos para desenvolver conhecimento em sistemas operacionais, de modo que ocorram as ações certas.

Manter os clientes fiéis é outra preocupação das empresas. Estudos indicam que conquistar um novo cliente costuma custar de cinco a dez vezes mais do que o gasto necessário para manter um cliente que a empresa já tem. A Tess, operadora celular que atua em todo o Estado de São Paulo, menos na capital, busca identificar e conhecer bem os seus melhores clientes, utilizando ferramentas de CRM e mineração de dados. Os clientes fiéis são recompensados com descontos e brindes. Como resultado, a Tess vem constatando uma taxa de retenção de 85%, um índice muito bom, sobretudo diante de um mercado tão competitivo como o de telecomunicações[9].

Na vanguarda do CRM, estão tecnologias sofisticadas, que permitem ao banco de dados dos clientes trabalhar simultaneamente com anúncios impressos individuais e aplicativos para a televisão. Empresas como a Xerox, a HP e a Nexpress estão lutando para tornar realidade o dia em que a propaganda impressa atingirá o cliente individual, com uma mensagem personalizada para cada um. Já a rede de TV a cabo norte-americana Sky está testando a possibilidade de enviar ao telespectador comerciais produzidos especificamente para ele.

CRM nas Pequenas e Microempresas

Usualmente, os softwares que se propõem a fazer CRM são vendidos por milhares de dólares. Contudo, com um aplicativo de Gerenciamento de Banco de Dados simples, obtido até gratuitamente, o micro ou o pequeno empresário pode dar conta de fazer o seu CRM, mantendo informações personalizadas sobre seus clientes. Esses softwares podem ser programados para emitir avisos, como datas de aniversário ou outras datas especiais, permitindo ao micro ou pequeno empresário explorar essas oportunidades para fazer promoções individualizadas. Um gerenciador de banco de dados pode controlar dados como cadastros dos clientes, fornecedores, produtos, estoque, enfim, quaisquer informações que envolvam inclusão, alteração, consulta e exclusão. Em uma consulta a um banco de dados, o proprietário pode unir e classificar os dados de mais de uma tabela, por exemplo, associando uma tabela de clientes a uma de produtos. Essa é uma propriedade dos chamados bancos de dados relacionais[10].

Inicialmente, as soluções de CRM apareceram a custos altíssimos, e os produtos foram focados nas grandes empresas. No presente momento, os fabricantes de software já estão oferecendo opções simplificadas para uso de pequenas e microempresas. Há, por exemplo, uma solução interessante, que combina digitalização de imagens e aplicações de bancos de dados para manutenção de cadastro dinâmico dos clientes. Câmeras espalhadas pela loja capturam a imagem das pessoas que circulam pela loja. Sendo um cliente novo, aparece no monitor do micro do atendente a foto e o cadastro a ser preenchido com os dados da pessoa. Quando o cliente retorna à loja, sua imagem é novamente capturada e automaticamente reconhecida pelo sistema, que disponibiliza imediatamente o cadastro ao vendedor. Esse cadastro pode conter, inclusive, fotos do cliente com os últimos produtos adquiridos (assim, o vendedor poderá saber a cor pela qual o cliente optou em sua última compra, por exemplo). O sistema tem recursos para prever mudanças causadas pelo envelhecimento e por alterações físicas, como engordar ou emagrecer, e seu fabricante assegura que a taxa de acerto é de 90%. O custo total de implementação, incluindo hardware e software, está em torno de R$ 40.000,00, um valor considerável para uma microempresa (embora possa ser dividido), mas já factível para pequenas e médias empresas.

Fonte: Os autores.

2.2 Gestão da Cadeia de Suprimentos

Considere o Grupo Mabel, que produz bolinhos, biscoitos, wafers, sucos e doces. Todos os dias, a Mabel precisa organizar e monitorar as atividades relacionadas à produção e à distribuição de seus produtos. Onde a Mabel compra o chocolate, o leite, as frutas – morango, coco e abacaxi – que usa para fazer o recheio de seus deliciosos biscoitos? Qual é a qualidade dessas matérias-primas? Quanto a empresa quer pagar por esses ingredientes? Que produtos serão produzidos em cada fábrica e em que quantidade? Quanto de cada produto na linha da Mabel os supermercados estão comprando? Quando os produtos precisam estar nas lojas? Como a Mabel enviará seus produtos a cada um dos supermercados?

Esse conjunto de atividades relacionadas chama-se Gestão da Cadeia de Suprimentos (*Supply Chain Management*, ou SCM). Por meio dele, o Grupo Mabel pode obter respostas às perguntas feitas no parágrafo anterior, bem como a outras questões similares. O que é uma cadeia de suprimentos? Há muitas maneiras diferentes de defini-la, mas a explicação que achamos melhor é: "todas as atividades associadas à produção de um determinado bem ou serviço, indo desde a compra das matérias-primas até os clientes finais".[11] Conseqüentemente, a gestão da cadeia de suprimentos envolve planejar, executar, controlar e avaliar todas as tarefas necessárias para levar os produtos da empresa aos seus clientes. Algumas das atividades no processo de SCM incluem:

> *Cadeia de suprimentos:* todas as atividades associadas com os bens, indo desde as matérias-primas até o cliente final.

- avaliação e seleção de fornecedores para produtos, peças e subconjuntos (matérias-primas), juntamente com o desenvolvimento de relações estratégicas com aqueles fornecedores mais importantes;
- compra de matérias-primas ou produtos acabados para vender aos clientes;
- desenvolvimento de programações de produção baseadas na demanda dos clientes;
- armazenagem de matérias-primas, controle dos níveis do inventário e das requisições aos fornecedores;
- controle das atividades diárias de produção; e
- programação e acompanhamento das entregas dos produtos aos clientes.

A SCM eficaz é um fator crítico para o sucesso da estratégia de negócios de uma empresa, bem como para seu êxito em um mercado cada vez mais competitivo. Requer coordenação através das diferentes áreas funcionais de uma organização, e também entre a organização e seus fornecedores. Pode servir como um ponto de diferenciação para uma empresa, gerando uma vantagem competitiva, como é o caso do grupo varejista Wal-Mart, apontado mundialmente como um dos melhores exemplos de SCM.

2.2.1 Avaliando, selecionando e desenvolvendo relacionamentos estratégicos com os fornecedores

Alguns dos ingredientes usados pelo Grupo Mabel em seus produtos são ácido cítrico, extrato de malte, sal refinado, manteiga, açúcar e ovos. Como a empresa decide de quais fornecedores comprar essas matérias-primas? Em primeiro lugar, o Grupo Mabel precisa identificar possíveis fornecedores para suas matérias-primas. Pode-se obter esses nomes por meio de uma associação comercial da indústria, outras empresas do setor, ou mesmo por meio de convites a fornecedores que tenham interesse em estabelecer negócios com o Grupo. Em seguida, entra em contato com esses fornecedores potenciais e avalia suas habilidades para produzir a quantidade necessária de matérias-primas, a qualidade de seus produtos, sua situação financeira, o sistema do transporte que utiliza, além de outros aspectos estratégicos do negócio.[12] Após avaliar todos esses fatores, o Grupo Mabel seleciona um fornecedor e começa seu relacionamento de negócios com ele.

Por que as companhias tomam tal cuidado na avaliação e na escolha de fornecedores e por que desejam estabelecer com estes um relacionamento estratégico? Há diversas razões.

Primeiramente, uma companhia como a Mabel pode obter economias significativas na aquisição e nos seus custos de produção ao negociar melhor seus contratos de fornecimento. Em segundo, se a empresa puder contar com matérias-primas de alta qualidade, poderá reduzir os custos relacionados ao desperdício. Em terceiro lugar, se puder confiar que receberá os insumos necessários na hora certa, poderá manter quantidades menores em estoque, reduzindo, desse modo, os custos de armazenamento. Um outro fator importante para uma empresa que produz alimentos perecíveis é ter ingredientes frescos para seus produtos.

Além de todos esses fatores, a Mabel pode alavancar seu relacionamento com o fornecedor e transformá-lo em uma parceria estratégica. Como um exemplo, vamos considerar o seu fornecedor de suco desidratado. O fabricante deste insumo tem a tecnologia e o conhecimento para desenvolver fórmulas ou novos tipos de sucos desidratados, que podem ser incorporados a linhas de produto da Mabel. Portanto, as duas empresas podem trabalhar juntas para criar um novo sabor ou um novo tipo de bolo.

Sozinha, a Mabel pode não ter a experiência para pesquisar e experimentar um novo sabor. Mas confiando na experiência e nas inovações de seu fornecedor de suco desidratado, ambas as empresas podem ganhar no mercado. O fornecedor pode contar com um comprador-chave para o seu produto, e também pode passar a vender os seus novos sabores de sucos para outras empresas. A Mabel, por sua vez, reforça sua própria linha de produtos, ampliando seu atendimento às lojas varejistas.

Podemos lembrar, também, do exemplo da Ford, que exploramos no capítulo 1. A Ford depende de seu fornecedor, Dow-Automotive, para obter as matérias-primas (plástico) e produzir as peças para o Fiesta. Muitas empresas desenvolvem parcerias estratégicas com seus fornecedores, tornando-os responsáveis por algumas das atividades da produção. Diante da crescente pressão para introduzir mais rapidamente novos produtos no mercado, os fabricantes precisam confiar mais intensamente na experiência e na perícia de seus fornecedores para satisfazer essas demandas.

2.2.2 Gestão de Suprimentos (e-procurement)

Quando a Mabel precisa comprar farinha de trigo, gelatina ou embalagens, tem de estar absolutamente certa de que está comprando a quantidade certa, do fornecedor certo, na hora certa e com o melhor preço. Além disso, há a expectativa de que seu pedido seja processado correta e o mais rapidamente possível. Esses são os objetivos da gestão de suprimentos.

Empresas como a Mabel e o Pão de Açúcar precisam executar, monitorar e avaliar suas tarefas de compra, para ter certeza de que os procedimentos estão padronizados, que os preços pagos foram razoáveis e que as eventuais exceções à rotina foram devidamente revistas e autorizadas. A Mabel precisa confiar que seu fornecedor de farinha de soja processará a ordem no momento em que a receber, e a atenderá o mais cedo possível. Assim, pode operar a sua própria programação de produção.

Em algumas grandes empresas, a responsabilidade pela gestão de suprimentos é entregue aos próprios fornecedores. Nesta técnica, chamada de Inventário Gerenciado pelo Vendedor (*Vendor-Managed Inventory*, ou VMI), o fornecedor (vendedor) monitora os níveis de seus produtos no inventário dos seus clientes – geralmente nos centros ou nos armazéns de distribuição destes. Usando as empresas que temos falado nesta seção como um exemplo, esta técnica permitiria que a Mabel ficasse responsável pelo monitoramento dos níveis de seus produtos nas lojas do Pão de Açúcar ou em armazéns regionais da empresa. Teria acesso às previsões de vendas dos produtos do Pão de Açúcar e combinaria essa análise com seu conhecimento sobre a quantidade disponível nos armazéns e centros de distribuição.

De posse dessa análise, a Mabel teria condições de identificar antecipadamente o momento em que a demanda venha a exceder a quantidade disponível de produtos em estoque, podendo gerar automaticamente uma ordem de venda. Com certeza, esta técnica não é apropriada para todas as empresas, sobretudo porque requer um alto nível de cooperação, confiança, informação compartilhada e integração de sistemas de informação.

2.2.3 Desenvolvendo Programações da Produção

O planejamento da fábrica e a programação da produção são algumas das atividades que ocorrem dentro da cadeia de suprimentos. Com base na demanda de seus clientes – supermercados e outros varejistas –, a Mabel pode programar as atividades de produção para cada uma de suas linhas de produto. A empresa deve desenvolver suas programações de produção de modo a permitir que seus produtos sejam entregues aos supermercados nas datas desejadas, e, ao mesmo tempo, equilibrar os recursos disponíveis: trabalhadores, capacidade (máquinas) e matérias-primas. Por princípio, desejará alocar as atividades entre suas fábricas de forma que todas funcionem em níveis próximos às suas capacidades ideais. A empresa desejará, ainda, reduzir o estoque de matérias-primas, o trabalho em processo e o inventário dos bens. Programações de produção mais curtas e mais previsíveis permitiriam que esta e outras empresas de sua cadeia de suprimentos reduzissem suas despesas de produção.

Outro ponto é a customização em massa, ou a capacidade que algumas empresas estão adquirindo de produzir em série (grande quantidade) produtos personalizados. A flexibilidade dos processos de produção têm permitido às empresas criar produtos desenhados especificamente para seus clientes, sem necessidade de mudança de máquinas ou interrupções no processo produtivo. Quanto mais opções de produção uma empresa pode oferecer aos seus clientes, maior é a possibilidade de fidelizar esses clientes. Outra necessidade crucial nos tempos atuais é a de que as empresas ofereçam qualidade superior em seus serviços de pré-venda, venda e pós-venda, o que aumenta a necessidade de integrar fluxos de informação através de muitas funções: pesquisa e desenvolvimento, marketing, vendas, produção e atendimento ao cliente.

2.2.4 Adquirindo e armazenando estoques

Quando a Mabel deve requisitar novamente matérias-primas a seus fornecedores? Como a maioria de empresas produtivas, a Mabel usa sistemas de informação para coordenar o levantamento de inventário e a combinação deste com o processo de produção e com a demanda dos clientes finais (por meio das vendas nos supermercados e outros varejistas, seus clientes).

As atividades da cadeia de suprimentos estão enraizadas na demanda do cliente. É esta que dita a programação da produção e prescreve os momentos em que as matérias-primas são requisitadas dos fornecedores. A chave da gestão de estoques de matérias-primas está na utilização de dados exatos sobre as vendas para tomada de decisão com relação ao processo produtivo. As empresas precisam ser flexíveis, assim podem reagir rapidamente às mudanças na demanda de cliente. Conseqüentemente, é necessário desenvolver confiança e colaboração com os fornecedores que, por sua vez, podem ajustar-se às mudanças.

E se a empresa não é um fabricante, mas um varejista? Os mesmos conceitos se aplicam. Similarmente às ações da Mabel, o Grupo Pão de Açúcar controla os níveis de seu estoque, e quando a quantidade nos centros de distribuição cai a um determinado nível, a empresa requisita um lote econômico. Os varejistas não querem ter nem escassez nem excesso de produtos nos seus centros de distribuição. O resultado da manutenção de uma grande quantidade de estoque é o aumento nos custos de operação (tais como armazenamento, recursos humanos e custos do seguro) e nos recursos disponíveis para outro uso, porque o dinheiro fica comprometido com o pagamento dos custos operacionais mencionados acima e com o de compras de estoque.

Por outro lado, pouco estoque pode resultar na falta dos produtos e no esvaziamento das prateleiras da loja, deixando os consumidores insatisfeitos e, provavelmente, nas mãos da concorrência.

2.2.5 Controlando atividades diárias da produção

Como muitas empresas produtivas, a Mabel precisa controlar diariamente suas programações de produção, as tarefas dos seus funcionários da fábrica, a manutenção de suas máquinas, o fluxo de matérias-primas através dos vários estágios do processo produtivo e o armazenamento de seus bens. Quando os trabalhadores ficam doentes ou as máquinas necessitam de manutenção, as programações de produção diárias precisam ser modificadas. Se um cliente entrar em contato com uma empresa, solicitando que uma entrega seja feita três dias antes do inicialmente previsto, os gerentes de produção devem ajustar a programação diária para acomodar a mudança. Os gerentes e os trabalhadores confiam em dados exatos para tomar decisões rotineiras quanto à programação de produção diária.

2.2.6 Programando e Acompanhando Entregas do Produto aos Clientes

Quando a Mabel pensa na produção de seus biscoitos, considera simultaneamente a programação para distribuí-los a seus clientes, por exemplo, o Pão de Açúcar. Também está equilibrando tais entregas com as de todos os seus outros clientes. Precisa confirmar que cada pedido será processado com tempo suficiente para que o cliente receba a entrega na data especificada, bem como chegue em boas codições. Acima de tudo, a Mabel precisa que o custo de todas essas atividades seja o menor possível, sem comprometer a velocidade do transporte, a segurança e o serviço.

> São considerados modais de transporte: Rodoviário; Ferroviário; Hidroviário; Aeroviário; Dutoviário.

Às vezes, as empresas usarão seus próprios sistemas de transporte e distribuição, incluindo caminhões, navios ou ferrovias. Mas, em muitos casos, é mais eficaz e eficiente contratar empresas de transporte para realizar o serviço de entrega. A Ford (capítulo 1) deslocou a responsabilidade de produção de peças plásticas a seu sócio, a Dow Automotive, que investiu recursos no desenvolvimento de competências, experiência e tecnologia para executar esse trabalho. A transportadora Lubiani, por exemplo, detém alta competência em logística, incluindo sistemas de rastreamento de seus caminhões via satélite, que, além de garantir a segurança, permitem a roteirização dinâmica e a execução de logística reversa, que é o processamento de devoluções. Sistemas específicos para a gestão de transportes levam em conta variáveis como CEPs dos endereços de entrega, tráfego e rodízio de finais de placas para definir rotas inteligentes. Entre outras utilidades, podem prever tempo em trânsito de uma entrega e calcular a distância percorrida por profissionais que recebem reembolso por quilômetro rodado.

A transportadora Flecha de Prata utiliza um sistema chamado CTF, que funciona com anéis no tanque dos veículos. Quando o motorista pára para abastecer, informações são trocadas entre o veículo e a bomba credenciada, gerando, assim, uma informação on-line para o sistema. No instante que a operação é finalizada, a nota fiscal é preenchida automaticamente, e a duplicata é enviada para a empresa. Com isso, acabam-se as adulterações de notas fiscais e práticas antiéticas por parte dos motoristas e funcionários dos postos.

A Mabel poderia manter sua própria frota para transportar seus produtos aos clientes. Mas, por outro lado, poderia contratar este aspecto da gestão da cadeia de suprimentos de empresas de transporte que demonstrem ter competência e conhecimento nesta atividade. Se uma empresa como a Mabel escolhe contratar suas atividades de transporte, aumenta a complexidade de sua cadeia de suprimentos, pois amplia o número de organizações envolvidas. Conseqüentemente, precisará de um nível mais elevado de coordenação entre as organizações, assegurando que a cadeia de suprimentos funcione adequadamente. Estas são escolhas que devem ser feitas quando uma empresa desenha sua cadeia de suprimentos.

2.3 Gestão do Ciclo de Vida de Produto

O que é a gestão do ciclo de vida de produto (*Product Lifecycle Management*, ou PLM)? Por que é atualmente considerada um dos principais processos do negócio? Vamos tentar entender a partir do exemplo de uma empresa alemã que opera no Brasil há 70 anos.

O grupo alemão *Oetker,* fundado em 1891, estabelece operações no Brasil desde a década de 1930. Atualmente, sua linha de produtos inclui misturas para bolos, tortas e sobremesas, salgados, fermentos, chás, cereais, pizzas, produtos congelados, pratos prontos, frutos do mar e peixes congelados, mel, conservantes para geléias e produtos institucionais.[13]

Considere a linha de chás Dr. Oetker. Alguns dos chás de flores e frutas oferecidos nesta linha são de cereja, maçã, morango, pêssego e de um novo sabor: laranja com especiarias. Como os pesquisadores de mercado na sede brasileira dessa empresa decidem quando introduzir novos produtos? Que produtos devem ser introduzidos? Quando é a hora de remover um produto de sua linha de chás? Quanto tempo deve-se dedicar ao exame, projeto, desenvolvimento, produção e lançamento de novos produtos no mercado? Perguntas como essas são tratadas no processo da gestão do ciclo de vida de produto.

Como se pode imaginar, no mundo de negócios não se trata da gestão do ciclo de vida de produto sozinho, isolado da gestão da cadeia de suprimentos e da gestão do relacionamento com os clientes. De fato, esses três processos de negócios são relacionados, e é difícil falar sobre um sem mencionar os outros.

> **Gestão do Ciclo de Vida de Produto**
> *(Product Lifecycle Management – PLM)*
> A coleção das atividades relacionadas a todos os aspectos do desenvolvimento do produto até a sua retirada do mercado, passando pela concepção da idéia, seu projeto de produção, de introdução ao mercado e de sua aposentadoria.

Por exemplo, como Dr. Oetker usou a PLM para criar, escolher e lançar seu mais recente produto, laranja com especiarias? Trabalhando com clientes e fornecedores, em um ciclo parecido com este: os pesquisadores de mercado da empresa observam produtos similares existentes, provavelmente de concorrentes. Então, a empresa pode realizar reuniões com grupos de consumidores para determinar o interesse dos mesmos no produto. Se esses indicadores apoiarem a validade da criação do produto, os cientistas do Dr. Oetker trabalham para desenvolver várias fórmulas para o novo chá. Após um ciclo de testes, uma delas é escolhida.

Ao mesmo tempo, ocorrem negociações com vários fornecedores, usando conceitos explorados na seção 2.2.1, para que o Dr. Oetker possa assegurar a entrega dos ingredientes necessários para produzir o chá. Inicialmente, o chá é distribuído em quantidades pequenas, para avaliação, eventuais ajustes. Finalmente, o novo produto é lançado no mercado geral. A empresa estabelece um cronograma para todas atividades. Uma das metas cruciais de PLM é lançar o produto dentro do prazo e orçamento previstos.

Ao atuar de forma sincronizada com os sistemas de gestão da cadeia de suprimentos, do relacionamento com consumidores e com os processos financeiros do negócio, o PLM tem um outro objetivo. Com base em dados históricos e previstos das vendas dos produtos da empresa, os gerentes de PLM tentam identificar aqueles que estejam na época de ser aposentados. Cada empresa tenta eliminar produtos não rentáveis, ou estudar ações para melhorar sua lucratividade. Isto é feito freqüentemente, de modo a manter em equilíbrio a reputação da empresa e as expectativas de seus clientes com a necessidade de

50 SISTEMAS DE INFORMAÇÃO

ganhar taxas de retorno aceitáveis em cada uma de suas linhas de produto ou unidades de negócio.

A gestão do ciclo de vida de produto não pode ser pensada como um exercício estático de criação, desenvolvimento e aposentadoria de produtos. Nos tempos atuais, a velocidade é um fator crítico, e é muito importante ser o primeiro no mercado com produtos inovadores e com valor – como na indústria da tecnologia de informação e de comunicações. Portanto, as estratégias relacionadas ao ciclo de vida de produto devem ser avaliadas continuamente, em resposta à natureza dinâmica do mercado.

Pense sobre empresas de alta tecnologia, como a Siemens Mobile, a Motorola, ou a HP. Como, freqüentemente, introduzem novos telefones celulares, computadores ou impressoras no mercado? Como decidem que características incluir nos novos produtos? Quando tomam decisões de parar de produzir as peças de manutenção ou executar reparos em produtos mais velhos? Com ciclos de vida do produto, que podem ser de menos de dois ou três anos, as empresas trabalham sob intensas pressões de tempo para definir, projetar e produzir seus produtos.

> No indústria, performance do computador dobra aproximadamente a cada 18 meses. Essa taxa de desenvolvimento é chamada geralmente de Lei de Moore, em reconhecimento a Gordon Moore, ex-presidente da Intel, que desenvolveu primeiramente o conceito.

2.4 Gestão de Recursos Humanos

O maior banco privado do Brasil, em termos de patrimônio, é o Bradesco, que conta com 51.633 funcionários, espalhados por 2.959 agências, com 16 milhões de clientes[14]. Numa corporação com tais proporções, qualquer simples tarefa de gestão de recursos humanos torna-se um esforço hercúleo. Imagine o trabalho para processar a folha de pagamentos, saber o número total de horas extras, ou passar uma simples informação para todos os funcionários ao mesmo tempo! Ou, indo mais além, descobrir quantos funcionários falam francês, para a seleção de possíveis candidatos a uma vaga aberta na nova agência em Paris.

Também na área de recursos humanos, os sistemas de informação têm causado um grande impacto. O quadro 2 lista as áreas clássicas de atuação de um profissional de recursos humanos e as possibilidades de utilização de sistemas de informação como apoio ou executor de algumas tarefas.

Quadro 2
Tarefas Executadas por um Sistema de Gestão de Recursos Humanos

Folha de Pagamento	Gerenciamento das informações cadastrais de funcionários e dependentes, com o controle de pagamentos efetuados, de forma rápida e segura;
	Manutenção de toda a rastreabilidade de pessoal, com histórico cadastral de todas as áreas trabalhadas, centros de custo, horários, alterações de função, salários, férias pagas, além de todos os registros pertinentes à ficha de registro informatizada, conforme a Portaria 1121 do Ministério do Trabalho;
	Flexibilidade de elaboração de fórmulas de cálculo para as particularidades da empresa, cadastramento de tabelas de encargos sociais, realização de vários adiantamentos salariais no período, cálculo de pensão alimentícia, cálculo PPR, cálculo de folhas mensais, quinzenais e semanais, cálculo de provisões, e, ainda, a possibilidade de controlar o saldo de FGTS dentro da organização;
	Cálculo de pagamento para autônomos, com o recolhimento de todos os encargos sociais e rotinas específicas para armazenamento de valores anuais;
	Definição e montagem de textos/relatórios a serem utilizados nas várias necessidades, dentre os quais, os diversos relatórios e termos assinados no ato de admissão, demissão ou qualquer outra situação.
Cargos e Salários	Permite o registro de elementos que caracterizam os cargos e suas respectivas tabelas de salários, disponibilizando, ainda, instrumentos necessários para a aplicação e manutenção das políticas salariais da organização;
	Possibilidade de registro das propostas por motivo de liberação salarial e carências, proporcionando melhor controle sobre as propostas salariais realizadas para cada funcionário da empresa;
	Definição de matrizes para auxiliar no processo de propostas salariais, definindo quantos e quais funcionários estão envolvidos no processo por meio de confirmações, assegurando as liberações por critérios independentes de avaliação;
	Efetuar o cálculo de projeções salariais, gerando os valores das propostas com acréscimo de encargos e outros adicionais;
	Permitir a alteração individual e coletiva de salários.
Treinamento	Dar à Área de Treinamento informações rápidas e eficientes sobre os programas de treinamento oferecidos pela empresa aos seus colaboradores e terceiros;
	Levantamento de necessidades de treinamento;
	Registro de todos os fornecedores de treinamento, recursos disponíveis na empresa ou em terceiros, como instrutores, locais de treinamento e equipamentos utilizados, com o controle sobre a alocação;
	Acompanhamento total do inventário de treinamento dos funcionários, com todo o histórico de cursos que este realizou, cursos em que está inscrito, se é multiplicador em algum programa de treinamento, ou se participa de programa de bolsa de estudos;
	Elaboração e registro de avaliações, freqüência e aproveitamento, inclusive mapas gerenciais e gráficos de horas, valores e treinamentos no período;
	Controle total de cada turma de treinamento, inclusive com elaboração de ficha de freqüência e certificados.

(continua)

Quadro 2
Tarefas Executadas por um Sistema de Gestão de Recursos Humanos
(continuação)

Desenvolvimento	Analisar e adequar as pessoas à estrutura profissional exigida para cada área de atuação, buscando a excelência no cumprimento das metas definidas em cada organização, além de registrar e manter o capital intelectual presente na empresa;
	Definição, aplicação e registro de avaliações de desempenho, potencial, objetivos, avaliação 360°, clientes internos e outros;
	Registrar os conhecimentos gerados nas atividades da empresa, associando-os aos funcionários, bem como definir as habilidades e competências necessárias para cada atividade, verificando o *skill gap* existente entre as habilidades necessárias e existentes nos departamentos;
	Permitir a adoção de sistema de remuneração por habilidades, gerando automaticamente propostas salariais através da certificação dos funcionários nas habilidades remuneráveis especificadas pela empresa;
	Estabelecer a necessidade de treinamento para funcionários em virtude dos conceitos alcançados nas avaliações, dos planos de ação propostos para os mesmos, pelas habilidades a serem desenvolvidas;
	Definir o plano de sucessão para os cargos-chave dentro da organização.
Recrutamento e Seleção	Gerenciar o registro de candidatos ao quadro de lotação da empresa, facilitando a busca de pessoas dentro do perfil especificado para as posições definidas no quadro de pessoal;
	Definir para cada unidade de lotação da empresa o quadro funcional projetado para cada cargo existente, com o número previsto de vagas efetivas, temporárias, contratados e estagiários, verificando a quantidade existente em relação ao projetado e às vagas em aberto;
	Manter o registro de candidatos a vagas no quadro de pessoal da empresa, com informações sobre empresas anteriores, funções desempenhadas, período de trabalho desejado e habilidades.
Férias e Rescisões	Controlar os cálculos de férias normais e coletivas dos funcionários, por período aquisitivo, permitindo que sejam efetuadas programações antecipadas e descentralizadas;
	Atender à legislação, no tocante às rescisões contratuais, podendo sua programação ser individual ou coletiva, para rescisões efetivas e programadas;
	Possibilitar eventuais descontos, além daqueles determinados por lei nos casos de férias, sendo que nos casos de rescisões contratuais existem rotinas de geração automática de verbas rescisórias, buscando, em todos os aplicativos, os lançamentos referentes ao funcionário;
	Controle automático das situações de afastamentos ou motivos de estabilidade no emprego.

(continua)

Quadro 2
Tarefas Executadas por um Sistema de Gestão de Recursos Humanos
(continuação)

Benefícios Sociais	Registrar toda a política de benefícios proporcionada aos funcionários e dependentes; Administrar os benefícios diferenciados por nível hierárquico funcional, além de situações de afastamento, suspendendo automaticamente o fornecimento de determinados benefícios; Análise de impacto no orçamento da organização, por meio de relatórios de custo dos funcionários, no qual são demonstradas as despesas de salários, encargos sociais, previsões e valores de benefícios pagos; Efetuar o rateio e a contabilização automática de despesas de benefícios, identificando-as entre empresa, funcionários e dependentes; Controlar rotinas de vale-transporte, cadastrando as empresas de transporte, linhas que operam e as associações de funcionários que as utilizam, inclusive fornecendo mapa de aquisição de compras de vales e protocolos de entrega; Gerar arquivos de integração entre a organização e o prestador de vale-alimentação e vale-transporte.
Controle da Freqüência	Apurar, de forma rápida e segura, as informações referentes à freqüência dos funcionários; Utilizar o conceito de banco de horas, com a definição de horas positivas e negativas, controle dos dias que foram utilizados para fins de horas de compensação, além de períodos para pagamento ou desconto de horas; Definir variáveis como tempo de tolerância, flexibilidade de horários, número de atrasos, limites para horas extras e compensações para grupos diferenciados de funcionários; Permitir a manutenção das autorizações de horas extras e compensações, além do acerto das divergências de forma descentralizada, controlando automaticamente as movimentações ocorridas no período e o consumo e a cobrança de refeições dos funcionários no refeitório da empresa; Possibilitar cálculos individuais ou coletivos, com fechamento diário, semanal ou mensal, permitindo que seja emitido o cartão ponto para efeito de fiscalização e integração automática com o aplicativo de folha de pagamento.
Medicina do Trabalho	Gerenciar as atividades do serviço médico da empresa, cumprindo as determinações legais, traçando um perfil das ocorrências; Efetuar o controle de exames médicos (admissão, periódicos, alteração de função, retorno ao trabalho, demissão); Executar o relacionamento dos exames médicos a serem realizados para cada área funcional da empresa, conforme os riscos existentes, efetuando a geração automática dos exames periódicos e complementares a serem realizados, bem como o registro dos resultados dos exames dos funcionários; Consultar, para cada funcionário, os riscos de exposição, restrições ao trabalho e questionário médico, para consulta durante o atendimento médico. Registrar automaticamente em ficha médica individual todas as informações referentes às consultas realizadas; Emitir todos os relatórios referentes ao atendimento médico (receituário, atestado clínico, Atestado de Saúde Ocupacional, encaminhamento ao serviço médico especializado, requisição de exames, etc.); Organizar fila de espera.

(continua)

Quadro 2
Tarefas Executadas por um Sistema de Gestão de Recursos Humanos
(continuação)

Segurança do Trabalho	Gerenciar as atividades desenvolvidas pela empresa para cumprir a NR 09 do Ministério do Trabalho, que instituiu o Plano de Prevenção de Riscos Ambientais, de modo a permitir um perfeito controle sobre as áreas de risco existentes na empresa, equipamentos de proteção coletiva e individual, além das ações tomadas para a diminuição e eliminação de riscos e acidentes de trabalho; Manter o registro de todos os componentes do Serviço Especializado de Segurança e Medicina do Trabalho, com suas funções e especializações, para associação às atividades de segurança desenvolvidas na empresa; Editar as normas de segurança da empresa para consultas rápidas e impressão, associando-as a equipamentos de proteção, atividades desenvolvidas, áreas da empresa, funções e materiais, com recursos de visualização da imagem do objeto especificado pela norma; Manter descrição detalhada das características físicas dos setores da empresa, como altura, comprimento, quantidade de máquinas, tipo de climatização, ventilação e iluminação; Registrar os Agentes de Risco, associando-os aos exames médicos necessários, equipamentos de proteção utilizados para diminuição ou eliminação, efeitos causados à saúde e equipamentos utilizados para aferição do risco causado, além dos limites de tolerância e recomendações para o controle do agente; Registro dos componentes da Cipa, com seus devidos mandatos, data de candidatura e eleição, função de cipeiro e suplentes, bem como a inscrição nos treinamentos obrigatórios para seus componentes; Manter o registro das brigadas (de incêndio, socorristas, ambientalistas e outras); Permitir a geração do mapa de risco, com a visualização dos riscos na planta baixa da empresa (integração com o software risco-design); Efetuar o registro dos equipamentos de proteção individual, permitindo a implantação de dados como vida útil, local de armazenamento, descrição de características, etc.; Registro completo dos acidentes de trabalho; Emitir os laudos ambientais para os funcionários, para fins de processos de aposentadoria especial no INSS.

Como se pode perceber, os sistemas de informação automatizam boa parte das tarefas, liberando os profissionais da área para ações mais estratégicas.

Por meio de avançados sistemas de informação, os gerentes de RH podem fazer, com eficiência, o gerenciamento por competências, e saber o perfil e as habilidades específicas de cada funcionário, a fim de acoplá-las a projetos específicos, que requeiram aquelas habilidades, formando equipes virtuais.

Outra forma de utilização dos sistemas de informação em RH tem sido a gestão por objetivos e o chamado *Balanced Scorecard*. Trata-se de uma técnica que desmembra a estratégia geral da empresa em objetivos mais específicos, chegando ao nível de estabelecer a contribuição esperada de cada funcionário para a concretização da estratégia. Com isso, obtêm-se um maior alinhamento da organização à sua estratégia deliberada.

Treinamento e capacitação é outra área em que os sistemas de informação estão tendo muito impacto. Retomemos o exemplo do Bradesco. No primeiro semestre de 2001, o banco investiu R$ 14,3 milhões em treinamento, e mais de 63.000 funcionários já freqüentaram os 615 cursos oferecidos em sala de aula[15]. Da forma tradicional, o banco tinha de arcar com custos de transporte e hospedagem, além da substituição dos funcionários em treinamento, que se ausentavam por uma semana. A partir de 2000, o Bradesco passou a utilizar a Internet para treinar seus funcionários. Já em 2001, mais de 20 mil pessoas tinham acessado o Treinet, um programa de treinamento virtual oferecido em seis módulos. Cada módulo dura, no mínimo, uma semana, mas pode ser feito dentro da disponibilidade de tempo e vontade do funcionário. O programa oferece um serviço de tira-dúvidas por correio eletrônico, além de aplicar provas e dar certificado ao final do curso[16].

> Contratação on-line: multiplicam-se as experiências de contratação on-line no Brasil. Somente os cinco maiores sites do gênero anunciaram quase que 500 mil vagas (abril de 2003):
> www.empregos.com.br
> www.bne.com.br
> www.catho.com.br
> www.manager.com.br
> http://br.empregos.yahoo.com

No momento em que eliminam várias das tarefas rotineiras e repetitivas, os sistemas de informação permitem que os profissionais de RH se dediquem a questões mais estratégicas, como já mencionado. Jack Welch, quando foi preparar sua sucessão na GE, não perguntou a um software qualquer "quem deve ser meu substituto?". Porém, há formas de se utilizarem sistemas de informação como apoio em um processo dessa natureza. Os sistemas registram o perfil dos vários executivos da empresa, suas habilidades especiais, fraquezas, elementos sobre suas preferências e personalidade. Os sistemas também guardam os principais objetivos da empresa, suas estratégias. Jack Welch poderia combinar as duas coisas para encontrar candidatos com maior probabilidade de alcançarem êxito, ou seja, aqueles cujos perfis pessoais tivessem mais aderência à missão e às estratégias da empresa.

2.5 Contabilidade e Gestão Financeira

Uma das atividades mais fundamentais em uma empresa é a de capturar, processar e comunicar o impacto financeiro de cada transação sobre o negócio.

Também é necessário considerar de onde virão os recursos financeiros do negócio, como serão usados, o sincronismo de seus fluxos, e onde os recursos adicionais serão investidos. O processo que atende a essas questões chama-se Contabilidade e Gestão Financeira (*Accounting and Financial Management*, ou AFM). Para compreender mais sobre este processo, pensem sobre algumas das atividades da Deicmar, uma das maiores empresas de logística no Brasil.

A Deicmar, estabelecida em 1945 para fornecer serviços à Comissária de Despachos Aduaneiros no porto de Santos, agora opera como uma empresa da logística e transporte, oferecendo serviços aduaneiros, de documentação e desembaraço, consolidação e desconsolidação de cargas aéreas, marítimas e rodoviárias, armazenagem retroportuária e entrepostamento aduaneiro, armazenagem em centro de distribuição sob variados regimes fiscais, manutenção e reparo de contêineres, transporte multimodal integrado e transporte e distribuição para seus clientes.[17]

Cada mês, a Deicmar compra combustível para seus caminhões, paga salários e adquire recursos físicos, tais como outros caminhões. Essas transações precisam ser registradas, de modo que fique claro o impacto de cada uma na posição financeira da empresa. Do mesmo modo, a cada mês, Deicmar fornece uma variedade de serviços a seus clientes e precisa atualizar as suas contas de caixa, aplicações e recebíveis dos clientes. Basicamente, a empresa precisa tentar conseguir um sincronismo entre os recebimentos e os pagamentos, de forma a manter seu fluxo de caixa em equilíbrio. Do contrário, pode precisar pedir empréstimos de curto prazo para cobrir suas despesas. Ou pode ter um excedente de caixa para investir temporariamente, adquirir mais estoque, ou mesmo quitar débitos com outras empresas.

Periodicamente – geralmente a cada mês –, a empresa comunica os resultados de suas operações e a sua posição financeira, produzindo indicadores financeiros e fornecendo aos gerentes uma variedade de relatórios de desempenho. Normalmente, estes comparam o desempenho atual com aquele na mesma época no ano anterior, ou no último trimestre, e incluem os objetivos (previstos) no orçamento, podendo avaliar as variações. Assim, os gerentes podem concentrar sua atenção naquelas áreas onde ocorreram grandes desvios em relação ao originalmente programado.

Além dos relatórios financeiros padrão, outros relatórios mensais de desempenho podem ser criados para necessidades mais específicas do negócio, tais como: relatórios sobre recebíveis de clientes proeminentes, de crédito, análises do composto de vendas, desempenho dos investimentos, etc.

Todas as transações de gestão do relacionamento com clientes, da cadeia de suprimentos, do ciclo de vida do produto e gestão dos recursos humanos fluem finalmente para os sistemas de contabilidade e gestão financeira. Em seu nível mais básico, o impacto de todas as transações deve ser expresso em reais e centavos nas demonstrações financeiras. Esta é uma das razões pelas quais a contabilidade e as finanças são chamadas, às vezes, de "a língua do negócio".

2.6 Sistemas de Gestão Integrada – ERPs

Em anos recentes, duas tecnologias fizeram contribuições significativas para automatizar e integrar os processos do negócio: os ERPs (Software de Gestão Integrada) e a Internet. Como as empresas estão usando esses sistemas de informação para dar suporte a seus processos? Responderemos a essa pergunta examinando diversos exemplos de empresas que utilizam softwares de ERP. Depois, resumiremos as vantagens que resultam do uso da tecnologia de informação e identificaremos alguns dos desafios e responsabilidades relacionados ao controle dessas tecnologias de informação.

O ERP é um amplo sistema de soluções e informações, uma arquitetura de software multimodular que tem o objetivo de integrar vários aplicativos, destinados aos setores específicos, em uma única interface gráfica, e rodando sobre uma base de dados única, facilitando o fluxo de informações entre todas as atividades da empresa. Conecta setores como fabricação, compras, gestão de estoques, logística, finanças, vendas e recursos humanos.

Tipicamente, um sistema de ERP opera em uma plataforma comum, que interage com um conjunto integrado de aplicações, consolidando as operações do negócio em um único ambiente.

2.7 Exemplo de Aplicações

2.7.1 SCM e CRM na Milenia

A Milenia Agro Ciências S.A. (Milenia) é uma fábrica de produtos químicos genéricos, com três instalações no Brasil, destinados à agroindústria. Produz mais de 50 produtos diferentes, que vende nos mercados doméstico e internacional.[18] Um de seus desafios na área de SCM é a programação de rotas diárias da entrega de seus produtos e a organização do movimento de materiais entre seus fábricas. Com mais de 12.000 pontos de entrega no Brasil, durante os momentos de pico, a empresa precisa coordenar as rotas de até 50 caminhões por dia. O que antigamente requeria um dia inteiro para ser feito, é executado agora em menos de duas horas, usando o software de SCM fornecido pela empresa alemã SAP[19]. O software permite à Milenia otimizar suas rotas da entrega, reduzindo o número dos quilômetros dirigidos a cada dia (baixando os custos relacionados a combustível e manutenção na sua frota), além de minimizar o tempo de entrega para seus clientes.

O presidente da empresa, Luiz Barone, diz, em sua Carta do Presidente, que "a utilização de modernos sistemas de gerenciamento de informação via SAP, sistemas de informações executivas, programas automatizados de roteirização de cargas e comunicação de dados em tempo real, via canal próprio de satélite, entre suas unidades industriais e administrativas, colocam a Milenia dentro de um seleto grupo de empresas modernas, ágeis e eficientes"[20].

Na área de CRM, a Milenia está usando a Internet para dar acesso aos seus clientes à base de dados sobre a manipulação, a aplicação e o armazenamento seguros de seus produtos. A base de dados, chamada Solução Integrada Milenia (SIM)[21], é usada pelos fazendeiros antes e depois da venda do produto. Vamos supor que o fazendeiro de café queira saber informações específicas sobre o herbicida HERBI D-480. A Milenia fornece detalhes sobre o uso geral do produto, a dosagem, a maneira da aplicação, instruções para a aplicação e outros dados de segurança. Antes da venda, o fazendeiro pode usar a SIM para comparar características do produto, o que o ajuda a decidir sobre qual produto comprar. Após a venda, ele pode consultar a SIM para responder às perguntas que possa fazer sobre o herbicida.

2.7.2 HRM no SchlumbergerSema e no BankBoston Brasil

A SchlumbergerSema, uma empresa de serviços globais de tecnologia, é sócia da MasterCard Brasil e está ajudando-a a converter seus cartões magnéticos para a tecnologia de cartões inteligentes (*smart cards*). Como a SchlumbergerSema usa o software de ERP em seus processos de HRM? A empresa emprega aproximadamente 75.000 trabalhadores em mais de 100 países ao redor do mundo. Não é incomum para empregados serem transferidos a outros países para trabalhar em projetos de integração de sistemas. Conseqüentemente, essa empresa precisa ter acesso aos currículos dos seus funcionários para avaliar e alocar seus trabalhadores nos grupos de trabalho incumbidos do atendimento a clientes específicos. Os trabalhadores em torno do mundo podem acessar bases de dados profissionais para aprender sobre formas diferentes de realizar o trabalho.

Na área de desempenho do funcionário, a SchlumbergerSema usa uma técnica de gestão por objetivos: no início do ano, os gerentes e os trabalhadores definem objetivos para cada trabalhador. Durante o ano, podem rever seu progresso em relação a esses objetivos por meio do sistema. A empresa usa o software HRM da SAP para fornecer acesso centralizado a processos de HRM[22].

O BankBoston Brasil conectou mais de 4.100 trabalhadores, em dez estados, utilizando o software de ERP da empresa PeopleSoft. Agora, os funcionários usam a Internet para acessar o sistema de RH e atualizar seus dados cadastrais, programar suas férias, imprimir sua declaração de rendimentos, entre outros, em uma prática que vem sendo chamada de *self-service* de informação.

2.7.3 PLM na Beiersdorf

É provável que você não reconheça o nome Beiersdorf. Mas conhece o nome de uma de suas principais marcas, Nivea, uma linha global de cuidado com o corpo e produtos cosméticos. A empresa enfrenta desafios de muitos concorrentes e confia em seus funcionários, particularmente nas áreas de marketing e de desenvolvimento de produto, para responder a esses desafios.

Em seu web site, explica como trata da competição: "(...) Beiersdorf confia no contrapeso entre a inovação e a continuidade. Na linha com nossa política do desenvolvimento e da melhoria contínua de nossas marcas nós estamos lançando constantemente novos produtos. Isto é baseado na participação de todos os trabalhadores no desenvolvimento de novas idéias e na cooperação construtiva entre a Pesquisa & Desenvolvimento e o marketing"[23]. A estratégia de crescimento da empresa enfatiza três objetivos: criar novas categorias de produtos, continuar a expandir suas marcas e mantê-las em posições de liderança e ampliar a internacionalização de suas atividades. Com um plano tão ambicioso de crescimento, você pode imaginar a grande quantidade de produtos e os inúmeros pontos em que os mesmos se encontram em termos de ciclo de vida. Como a Beiersdorf controla esses ciclos?

Usando o software de PLM, a empresa armazena vários tipos de documentos, tais como receitas, resultados experimentais clínicos, folhas de dados sobre os compostos usados para fazer os produtos, correspondências relacionadas, e qualquer outro que possa vir a ser relevante ao desenvolvimento do produto, aos testes e à manufatura. Os dados podem ser reutilizados, eliminando a necessidade de reentrada dos mesmos no sistema de informação. Isso gera dois benefícios para a empresa: há poucos erros, porque os dados são extraídos de uma aplicação e inseridos diretamente em outra, e os produtos podem ser desenvolvidos mais rapidamente, porque alguns módulos do ciclo de desenvolvimento do produto podem ser reutilizados em outros projetos de desenvolvimento deste. Menos tempo gasto no desenvolvimento e na fase de testes pode dar à Beiersdorf vantagens reais, ao reduzir o *time-to-market* de seus produtos.

> *Time-to-market* é o tempo entre a concepção de um produto e a sua introdução no mercado.

2.7.4 A Contabilidade e o Gerenciamento Financeiro na Flextronics

A Flextronics é uma empresa global que fornece projetos de produtos, testes, manufatura e serviços de rede de logística às companhias na indústria eletrônica, tais como Alcatel, Dell, EMC, Ericsson, Epson, Sony Ericsson, Hewlett Packard, Microsoft, Motorola, Nokia Networks, Siemens, and Xerox[24]. Possui instalações em Resende (RJ), Manaus (AM), Sorocaba (SP) e São Paulo (capital). Todas são conectadas por sistemas de informação, e os empregados têm acesso a uma aplicação de ERP desenvolvida pela Baan. Especificamente, os módulos financeiro e contábil do ERP da Baan permite aos funcionários da Flextronics trocar informações com a sede em Sorocaba – cujos relatórios, balancetes e análises financeiras são customizados[25]. Na área financeira, os pagamentos e recebimentos podem ser feitos diretamente do banco da empresa, usando a Internet para emissão desses pedidos. Isso ajuda a eliminar transações duplicadas e aumenta sua segurança[26].

2.7.5 HRM na International Paper

A International Paper apostou em uma parceria com um fornecedor de sistemas para suprir suas necessidades tecnológicas. Há nove anos utiliza o sistema de gestão de recursos humanos da ASM.

Com o software, a filial brasileira da empresa ganhou flexibilidade administrativa e pôde centralizar as informações relativas aos funcionários em um único banco de dados.

O sistema de recursos humanos gerencia a folha de pagamentos, o treinamento, o orçamento de folha, os benefícios, a segurança, a medicina do trabalho e o ponto eletrônico.

Entre os fatores que influenciaram a decisão pela aquisição desse software estão a unificação e atualização instantânea dos dados e a eliminação da impressão de relatórios. Antes, quando o sistema não era flexível e descentralizado, cada uma das áreas tinha necessidade de receber um relatório impresso. Hoje, os departamentos acessam as informações que desejam pelo próprio sistema corporativo. Uma das maiores vantagens com o uso do sistema foi a desburocratização dos processos corporativos.

2.7.6 ERP na Drogaria Araújo

A Drogaria Araújo possui 53 lojas e conta com 1.500 funcionários na região metropolitana de Belo Horizonte. Para fechar seus demonstrativos financeiros, a empresa passa por um processo complexo, envolvendo números gerados por, em média, três caixas registradoras por loja. Esses dados servirão de base para o cálculo de impostos, cancelamentos de vendas, convênios, inversão de registros e demais rotinas características do comércio varejista.

A Drogaria Araújo adotou uma solução de ERP desenvolvida pela RM sistemas, o Corporate RM. Com a integração da área financeira aos demais setores, tornou-se possível analisar, por exemplo, a realidade diária do fluxo de caixa da empresa, permitindo agilidade na tomada de decisões. A área contábil, por sua vez, beneficiou-se da redução da necessidade de redigitação de documentos, que costumava gerar defasagem de um mês no processo de fechamento. O retrabalho implicado no registro de notas fiscais também foi eliminado.

2.7.7. Vantagens da Utilização de Sistemas de ERP e da Internet para Suportar Processos do Negócio

Por que tantas empresas têm feito investimentos significativos em sistemas de gestão integrada e sistemas de informação, de uma forma geral? O software de ERP oferece as seguintes vantagens:

1. permite que as empresas tomem decisões baseadas em uma vista multifuncional do negócio;
2. ajuda a serem mais responsivas e flexíveis em resposta às mudanças no ambiente de negócio;

3. permite que os *stakeholders* processem suas próprias transações (primeiramente clientes, fornecedores e trabalhadores), interagindo rapidamente com as organizações;

4. fornece serviço superior aos *stakeholders*, dando-lhes acesso à informação em qualquer lugar e a qualquer hora (particularmente quando os sistemas interagem com a Internet).

> *Stakeholders* são os indivíduos e grupos capazes de afetar e de serem afetados pelos resultados de uma empresa, como acionistas, credores, clientes, fornecedores, funcionários, sindicatos, etc.

A integração de relacionamentos do cliente, cadeias de suprimento e ciclos de vida do produto em uma aplicação de ERP podem produzir benefícios importantes para uma empresa, dando-lhe uma vista holística das inter-relações desses processos-chave do negócio. Com todas essas aplicações disponíveis na Internet, o negócio pode ser conduzido 24 horas por dia, de qualquer lugar do planeta onde haja uma conexão de Internet, incluindo o conjunto emergente de aplicações sem fio (*wireless*).

Embora muitos benefícios operacionais e estratégicos possam ser derivados dos sistemas de ERP e da Internet, há diversos desafios relacionados a operar e manter tais sistemas. Entre estes:

1. alcançar um equilíbrio entre a segurança e a privacidade dos dados armazenados em sistemas de ERP e o desejo de fornecer acesso aberto aos dados para sócios, clientes e trabalhadores;

2. decidir quando é o melhor momento para fazer melhoramentos no software e no hardware;

3. assegurar a compatibilidade com os sistemas dos seus sócios e parceiros;

4. executar manutenção (regular e de emergência) nos sistemas, num ambiente onde todos os usuários esperem 24 horas de acesso;

5. fornecer serviços de treinamento e de sustentação a todos os usuários dos sistemas de informação, não importando onde estejam localizados.

VIDA REAL
Vender a todo o vapor

A Lojas Americanas é uma das maiores redes de varejo do Brasil, com 105 lojas, em 18 estados. Em 2002, teve um faturamento de R$ 1,7 bilhão. Fundada em 1930, a rede passou por uma grande crise na década de 1990, mas vem superando suas dificuldades e reencontrando o caminho do lucro. Uma das razões para sua reabilitação está justamente no uso de tecnologias de informação para apoiar seus processos de negócio.

Um ERP **(2.6.5)**, instalado a partir de 1999, interligou os processos da companhia, da área de recursos humanos ao controle de estoques, das vendas em cada loja ao cálculo do lucro total. Com o ERP, os executivos da Lojas Americanas podem, da sede da empresa, na região portuária do Rio de Janeiro, monitorar, em tempo real, o desempenho das vendas em todas as lojas da rede. Detectado algum desvio nas metas diárias estabelecidas para qualquer uma delas, o gerente local recebe um telefonema da sede, perguntando sobre as causas do mau desempenho e, eventualmente, orientando sobre procedimentos para reverter a situação. Nas palavras do diretor comercial, Osmar Luminatti, "o acesso à informação nos permite resolver o problema na hora".

A Lojas Americanas mudou também seu **relacionamento com os fornecedores** (2.2.1). Antigamente, a distribuição era descentralizada, e os fornecedores tinham de entregar seus produtos nos então 86 pontos-de-venda. Cada um deles, por sua vez, era obrigado a manter funcionários apenas para conferir e estocar as encomendas, o que elevava os custos operacionais e revelava a ineficiência da rede.

Agora, a rede trabalha com três centros de distribuição, onde são centralizadas as entregas e organizada a distribuição dos produtos para as lojas. Com a instalação dos centros de distribuição, as lojas se viram livres da tarefa de controlar o estoque. Isso passou a ser feito pelo ERP, que atua para que não sobre ou não falte produto em nenhuma das lojas.

O ERP também facilita as decisões de **PLM** (2.3), permitindo aos gerentes da Lojas Americanas perceberem quando um produto entra em declínio, retirando-o das prateleiras e focando naqueles que vendem mais.

Desde 1999, a rede inaugurou a Americanas.com, seu braço de comércio eletrônico, que, com vendas estimadas em R$ 160 milhões em 2002, seria, hoje, o maior varejista on-line do país. Quando um cliente realiza uma compra no site, cadastra várias informações pessoais. Com base nesses dados e também no padrão de compras do cliente, a Americanas.com passa a fazer, via e-mail, ofertas personalizadas, usando uma ferramenta de **CRM** (2.1).

Com tudo isso, a rede está vendendo a todo o vapor, e a geração de caixa aumentou, alcançando uma margem de 7,5% sobre a receita líquida, em 2001.

Elaborado com base nas informações contidas na reportagem "Mudar ou Morrer", Exame, 12/03/03.

VIDA REAL
Fábrica de carros ou fábrica de softwares?

A Renault é uma das maiores fabricantes de carros da Europa. No Brasil, ocupa a 6ª posição, tendo fabricado e vendido mais de 50 mil carros em 2004.

Sua área de tecnologia tem um orçamento de US$ 12 milhões, o que corresponde a 0,8% dos investimentos totais da empresa. Pode parecer pouco, mas este valor vem sendo bem aplicado e rende bons frutos. Podemos destacar como exemplo uma mudança aparentemente simples na linha de montagem, mas que causou um substancial impacto na redução dos custos da empresa. A princípio, os carros eram pintados aleatoriamente, de acordo com a demanda. Análises informatizadas, no entanto, indicaram que a ordem da cor na linha de montagem influía no tempo de produção e nos gastos de material, uma vez que era preciso trocar a bomba e limpar as peças em cada mudança de cor. Foi feita uma alteração no planejamento e controle da produção, agrupando-se carros da mesma cor e definindo uma seqüência de cores, das mais quentes para as mais frias, o que gerou uma enorme economia de custos. Nas palavras de Phillipe Mazas, CEO da Renault no Brasil, "só a economia ganha nessa alteração da linha de montagem pagou tudo o que havia sido investido na criação da área de Inteligência Artificial".

Para o relacionamento com os clientes (2.1), a Renault usa um software da Siebel. Para a gestão de sua cadeia de suprimentos (2.2), um produto da Baan. A área corporativa usa o SAP (2.6.7). Essa tem sido uma tendência, uma vez que o uso dos chamados sistemas integrados revelou que os produtos dos variados fabricantes se saíam melhor em determinadas áreas. Para que tudo funcione a contento, contudo, é preciso que os sistemas desenvolvidos pelos diferentes fabricantes sejam compatíveis.

No tocante à relação que mantém com seus funcionários (2.4), a Renault está implantando um portal business-to-employee (B2E), do qual constarão os processos de cada função e a infra-estrutura de cada cargo. O objetivo maior é preservar o conhecimento da empresa, evitando que ele se disperse com a saída de alguns funcionários. Imagina-se unir o dinamismo dos recém-chegados à eficiência dos veteranos. O portal também disponibiliza aos funcionários alternativas de treinamento e de self-service de informações (2.4) referentes às suas próprias carreiras. O funcionário poderá, por exemplo, marcar sua data de férias, alterar seus dados pessoais, entre outras funções, sem precisar se dirigir ao setor de pessoal.

Na Renault, 70% dos sistemas utilizados são desenvolvidos dentro da própria empresa, como o *data warehouse*, o *data mining* e o *business intelligence*. Com isso, fica a pergunta: é a Renault uma fábrica de carros ou uma fábrica de softwares?

Elaborado com base em informações contidas na reportagem "Estripulias do monsieur Mazas na Renault", InfoExame, março de 2003.

Leitura Complementar

Vamos ficar em casa?

Com os avanços nas telecomunicações, imaginou-se que a localização dos escritórios tornar-se-ia ubíqua, permitindo que as empresas transferissem suas sedes de bairros comerciais de alto custo imobiliário, congestionados e desagradáveis, para instalações personalizadas, em belos locais ao redor do mundo. Imaginou-se, também, que muitos trabalhadores não precisariam mais deixar suas casas para ir ao escritório, economizando, assim, um precioso tempo de deslocamento, aborrecimentos para estacionar o carro, gasolina (e emissão de poluentes), etc. No entanto, no início da década de 1990, o trabalho remoto era praticado por uma fração muito pequena da força de trabalho dos Estados Unidos (entre 1% e 2%, num dia determinado), Europa e Japão[27]. Há, na verdade, mais pessoas fazendo pesquisa sobre o teletrabalho do que teletrabalhadores reais.

Entre os teletrabalhadores, temos os substituidores, aqueles que substituem o serviço efetuado em um ambiente de trabalho tradicional pelo serviço feito em casa; os profissionais autônomos, que trabalham on-line a partir de suas casas; e os complementadores, que levam para casa trabalho complementar do escritório convencional.

Na verdade, percebe-se que ainda há uma grande resistência cultural ao trabalho remoto. Os gerentes relutam em permitir que os funcionários trabalhem em casa, pois isso significa certo grau de perda de controle. Os contatos pessoais para decisões cruciais continuam sendo necessários. E, no caso do Brasil, certas questões legais inibem o teletrabalho. Quem, por exemplo, pode afirmar com certeza a carga horária cumprida por um teletrabalhador?

QUESTÕES DE REVISÃO

1. Pense em uma empresa que produza computadores para o mercado de varejo, tal como a HP (computadores da marca Compaq). Desenhe um gráfico que descreva a cadeia de suprimentos dessa empresa.
2. No seu ponto de vista, qual é a atividade mais importante na cadeia de suprimentos. Por quê?
3. Qual é a diferença entre SCM – Gestão da Cadeia de Suprimentos e PLM – Gestão do Ciclo de Vida do Produto?
4. Quais as relações entre SCM e PLM?
5. Como o processo de PLM pode ajudar uma empresa que projeta e manufatura roupas femininas?
6. Pense sobre uma instituição de saúde, tal como um hospital. De que forma as aplicações contábeis e financeiras podem ajudar a controlar os custos dos vários departamentos, como recepção, nutrição, radiologia, etc.?
7. Considere uma empresa na indústria de imóveis. De que maneiras as ferramentas informatizadas de contabilidade e finanças podem apoiar as decisões dos gerentes da empresa?
8. Visite os sites de fabricantes de ERPs – Softwares de Gestão Integrada na Internet (SAP, PeopleSoft, Oracle, Microsiga, Datasul, RM). Procure por alguns casos ou histórias de sucesso. Que tipo de problemas são resolvidos por esses produtos?

QUESTÕES DO PROVÃO

Uma série de empresas tem recorrido a Sistemas Integrados de Gestão (ERP) como maneira de sobreviver em um mundo cada vez mais competitivo. Se você tiver de defender a utilização de um ERP em sua empresa, que argumento, dentre os abaixo, deverá empregar?

   a) Os procedimentos operacionais não serão alterados com a implantação do sistema;
   b) A empresa ganhará flexibilidade de operação;
   c) O controle gerencial tenderá a ser fortalecido;
   d) O gerenciamento de clientes será facilitado, pois a análise de crédito será mais ágil;
   e) Um sistema de fluxo de informação não precisará ser implantado.

A Livraria Virtual Ltda. decidiu introduzir a venda de livros através de sua homepage. Para tal, ela precisa dispor de um sistema que possa determinar, com base em seu atual banco de dados, uma segmentação de clientes para, a posteriori, utilizar esta informação na personalização do acesso à homepage. Que tipo de sistema poderá ajudar a empresa na segmentação de seus clientes?

a) *Call Center*;
b) Gerenciamento de Clientes – CRM;
c) Mineração de Dados – *Data Mining*;
d) Produção – MRP;
e) Integrado de Gestão – ERP.

Em virtude da acelerada expansão, a empresa Céu Azul transformou-se em uma literal desordem em termos de controle. O Dr. Antônio, contratado como consultor de sistemas, sugeriu a implantação de um ERP (Enterprise Resource Planning), pois verificou que será necessário implantar um sistema:

a) de elementos recursivos potenciais;
b) de fluxo de caixa on-line;
c) de controladoria;
d) de planejamento gerencial;
e) integrado de gestão.

Na condição de gerente de Materiais de uma empresa manufatureira, você recebe uma proposta para a instalação de dois sistemas informatizados para controle de estoques. Um deles, bastante sofisticado, registra em tempo real todas as movimentações de estoque. O outro, menos sofisticado, somente registra as movimentações de estoque periodicamente. Considerando as características de sua empresa, você optou pelo primeiro sistema, o mais sofisticado. Neste caso, na operação do sistema, a(o):

a) entrada e a saída de materiais são registrados no final do exercício financeiro;
b) entrada dos materiais é registrada numa conta específica intitulada "compras";
c) custo dos materiais consumidos é levantado por ocasião do encerramento do exercício financeiro;
d) estoque de materiais é atualizado a cada movimentação feita;
e) valor do estoque de materiais é determinado através do levantamento físico.

RESUMO

- As ações de marketing das empresas vêm sendo profundamente alteradas por uma nova filosofia, a de CRM ou Gestão do Relacionamento com os Clientes. Por meio dos sistemas flexíveis de manufatura, as empresas tornaram-se capazes de produzir em série produtos únicos ou direcionados para um consumidor específico. Por meio das tecnologias de armazenamento e processamento de dados, as empresas passaram a ter condições de personalizar seus bens, serviços ou ofertas.

- O relacionamento da empresa com outras empresas (B2B), sejam fornecedores de seus insumos ou distribuidores de seus produtos, também vem sendo dramaticamente alterado pelo uso intensivo das novas tecnologias, em um processo que é genericamente denominado de SCM ou Gestão da Cadeia de Suprimentos.

- Outro processo que tem se beneficiado do potencial das novas tecnologias é a Gestão do Ciclo de Vida do Produto, ou seja, o conjunto de atividades relacionadas a todos os aspectos da vida de um produto, desde sua concepção até sua retirada do mercado.

- A gestão de pessoas vem igualmente passando por um processo de transformação, marcado, principalmente, pela automação das tarefas mais rotineiras e burocráticas, e pela geração de informações relevantes para apoiar o processo decisório dos profissionais da área. Um dos destaques na área de gestão de pessoas tem sido a possibilidade de oferecer treinamentos remotos. Outro é a disponibilização de ferramentas que permitem ao próprio usuário executar diversas tarefas de gestão de suas carreiras.

- A área de contabilidade e finanças também não ficou imune à revolução das novas tecnologias, que permitem a automação de diversas tarefas e rotinas, e a geração de inúmeros e variados tipos de relatórios, que contribuem para a identificação mais rápida e precisa de eventuais dificuldades de fluxo de caixa.

Notas

1. O cliente chamado pelo nome, Revista Exame, 18/4/2001.
2. Swift, Ronald. CRM – *O revolucionário marketing de relacionamento com o cliente*. Rio de Janeiro: Campus, 2001.
3. Idem.
4. Idem. p. 20.
5. Revista Exame, Faça o que eu faço, 13/11/2002.
6. Idem.
7. Swift, Ronald. CRM – *O revolucionário marketing de relacionamento com o cliente*. Rio de Janeiro: Campus, 2001.
8. Revista Exame, Como a Internet está transformando (de verdade) a vida nas empresas, 13/6/2001.
9. Idem.
10. Bancos de dados relacionais reúnem todos os dados em tabelas simples, bidimensionais, denominadas relações, nos quais informações de mais de um arquivo podem ser extraídas e combinadas com facilidade.
11. Lummus, R. and Vokurka, R. 1999. "Defining supply chain management: a historical perspective and practical guidelines", Industrial Management & Data Systems, 99/1, p. 11-17.
12. Grupo Mabel Web site. Cadeia de Suprimentos. http://www.mabel.com.br/
13. Dr. Oetker Web site. Empresa. http://www.oetker.com.br/empresa/index.html
14. Revista Exame, Edição Especial Melhores e Maiores, 2003.
15. Revista Exame, Como a Internet está transformando (de verdade) a vida nas empresas, 13/6/2001.
16. Idem.
17. Deicmar Web site. Logística e Tecnologia Integradas. http://www.deicmar.com.br/serv_seguranca.asp
18. Milenia Web site. Carta do Presidente. http://www.milenia.com.br/internas/02_Carta_do_presidente/02_carta_do_presidente.asp
19. SAP Web site. Milena Caso do Sucesso. http://www.sap.com/brazil/casos/milenia.asp
20. Idem.
21. Milenia Web site. SIM Online. http://www.milenia.com.br/internas/sim/index.asp

22. SAP Web site. MySAP Human Resources Customer Successes. "Schlumberger Uses mySAP HR to Manage Global Workforce". http://www.sap.com/solutions/hr/customersuccess/
23. Beiersdorf Web site. Our Growth. http://www.beiersdorf.com/index_e.asp
24. Flextronics Web site. Corporate Information. http://www.flextronics.com/Corporate/backgrounder.asp
25. Baan Web site. Success Stories Xerox agiliza produção com ERP da Baan. http://www.baan.com/home/successstories/successstoriesfilter/198109
26. "Rede inteligente", (2002). InformationWeek Brasil, 23 janeiro. http://www.informationweek.com.br/noticias/artigo.asp?id=21029
27. Castells, Manuel. *A sociedade em rede*. São Paulo: Paz e Terra, 1999, p. 404.

3

Tipos de Sistemas de Informação Aplicados a Negócios

: SISTEMAS DE INFORMAÇÃO

ABERTURA

O **Capítulo 3** aborda os principais tipos de sistemas de informação existentes nas empresas, suas finalidades, aplicações e usuários. Cada grupo de interesse dentro da empresa (*stakeholders*) utiliza sistemas de informação específicos, voltados para atender às suas necessidades. O capítulo traz, ainda, a definição de sistemas especialistas e redes neurais, aplicações de vanguarda que estão sendo utilizadas pelas empresas para obterem vantagens competitivas.

Ilustram, de forma prática, os conceitos expostos ao longo do capítulo dois casos de **Vida Real**: Porto de Santos e Hospital Albert Einstein.

OBJETIVOS DE APRENDIZAGEM

- Conhecer os diversos tipos de sistemas de informações e suas principais aplicações a processos de negócios;
- Identificar os sistemas de informações mais adequados aos diferentes níveis hierárquicos;
- Conhecer diversas tarefas de um negócio, rotineiras e não rotineiras, que podem ser executadas mais eficientemente pelos sistemas de informação.

3.1 Introdução

Um dos principais papéis da tecnologia de informação é fazer com que as tarefas rotineiras, repetitivas, que podem ser pré-codificadas e programadas, antigamente realizadas por pessoas, sejam substituídas pela ação dos sistemas informatizados. Esse processo chama-se Automação.

Há uma tendência nas empresas na direção da automatização da parte mais simples do trabalho administrativo, aquelas tarefas de rotina que, por poderem ser reduzidas a vários passos padronizados, são programadas com facilidade.

Já as operações mais complexas ficam concentradas nas mãos de funcionários e profissionais especializados, que usam a informação armazenada nos arquivos de seus computadores para tomar as decisões. Assim, enquanto nos níveis hierárquicos mais baixos há uma crescente automação, no nível médio há reintegração de várias tarefas em uma operação decisória bem-informada, geralmente processada, avaliada e executada por uma equipe composta por funcionários com autonomia cada vez maior para tomada de decisão.

Neste capítulo, vamos conhecer os diversos tipos de sistemas de informação existentes e as suas principais utilizações. Cada nível hierárquico em uma empresa tem uma necessidade específica de informações e uma alçada para tomada de decisões. Portanto, é necessário que existam tipos diferentes de sistemas para atender a cada nível hierárquico.

No nível mais operacional, vamos abordar os Sistemas de Processamento de Transações, os Sistemas de Automação de Escritórios, os Sistemas de Integração com o Consumidor e os Sistemas de Apoio ao Trabalho em Grupo. No nível gerencial, os Sistemas de Informação Gerencial e os Sistemas de Apoio à Decisão. No nível executivo, os Sistemas de *Business Intelligence*.

O capítulo é concluído com a discussão de alguns tipos especiais de sistemas mais avançados, que vêm sendo utilizados com sucesso nas empresas: a Inteligência Artificial (Sistemas Especialistas e Redes Neurais) e os Sistemas de Informações Geográficas.

3.2 Sistemas de Processamento de Transações – SPT

Os Sistemas de Processamento de Transações – SPT – são sistemas informatizados que executam e gravam a rotina diária de uma empresa, ou seja, as transações necessárias para a condução dos negócios. Pelas suas características, esses sistemas atendem ao nível operacional da organização, no qual as tarefas são altamente padronizadas, rotineiras, repetitivas, enfim, há um caminho conhecido e preestabelecido, que deve ser percorrido na execução da tarefa. Não há necessidade de grande ingerência humana, apenas a alimentação correta dos dados no sistema.

Os SPT substituem o trabalho que possa ser codificado em uma seqüência programável, deixando para o fator humano aquelas tarefas que requerem capacidades de análise, decisão e reprogramação em tempo real, em um nível que apenas o cérebro humano pode dominar. Resumindo: para realizar uma transação, existe um procedimento operacional padrão.

Os STP são, portanto, utilizados para resolver ou encaminhar problemas altamente estruturados e rotineiros, relacionados à operação, serviços e produção. Por isso, são também chamados de *sistemas operacionais*[1].

> As redes de informática são tão importantes para os lucros que em 1986 o presidente da American Airlines disse que, se tivesse de escolher entre diminuir suas rotas de vôo e seu sistema computadorizado de reservas, manteria o sistema de reservas.

Imagine, por exemplo, uma venda. Todas as vezes que um produto é vendido, há uma série de atividades a serem feitas. O estoque precisa ser atualizado; os vendedores precisam ter registrado sua venda, para fins da comissão; o "contas a receber" precisa registrar uma entrada de caixa e, principalmente, precisa ser emitida uma cobrança e uma nota fiscal ao cliente. Todos esses passos representam transações, que precisam ser processadas de alguma forma.

Na área de recursos humanos, são funções classicamente executadas por SPT o cadastramento de um novo funcionário, o recebimento e cadastramento de um currículo, o processamento de uma folha de pagamento. Na área de produção, os SPT atuam na execução propriamente dita, com robôs, sistemas de manufatura integrada por computador, bem como no projeto, via sistemas de projeto auxiliado por computador (CAD), sistemas de controle de qualidade, controle de entrada e estoque de matérias-primas, etc. No marketing, o *laptop* que o vendedor leva para registrar e transmitir um pedido, assim como o ponto-de-venda informatizado, o sistema de concessão de créditos a clientes e as informações demográficas disponibilizadas ao operador de telemarketing. Na área de contabilidade e finanças, são aplicações típicas dos SPT a execução eletrônica do contas a pagar, a receber, do livro-razão, do fluxo de caixa, do acompanhamento dos investimentos e da conciliação das contas bancárias.

Numa micro ou pequena empresa (PME), a materialização mais concreta de um SPT é o ponto-de-venda – PDV informatizado. Os modelos mais recentes de PDVs têm controle de estoque, emissão de documentos fiscais, controle de faturamento, além de uma série de sistemas internos para controle de vendas por vendedor, vendas por dia, etc. Como fonte primária de registro de todas as transações vivenciadas pelas PME, o PDV é um centro nervoso de acúmulo de dados, os quais fornecerão as bases para os outros sistemas da empresa. Vale destacar a funcionalidade no processamento do caixa, agregada pela utilização de leitores de códigos de barra nos PDVs.

3.3 Sistemas de Automação de Escritórios – SAE

Os Sistemas de Automação de Escritórios (SAE) são aplicativos desenvolvidos para aumentar a produtividade daqueles funcionários que atuam no escritório da empresa, tais como processadores de texto, planilhas eletrônicas, bancos de dados, e-mail, navegadores de Internet, softwares para trabalho em grupo, etc. As novas tecnologias de informação possibilitam, ao mesmo tempo, a descentralização das tarefas e a sua coordenação em uma rede interativa de comunicação em tempo real, seja entre continentes, seja entre os andares de um mesmo edifício.

Um dos fenômenos da era atual é a crescente força de trabalhadores de escritório, chamadas por Peter Drucker de "trabalhadores do conhecimento". As tecnologias de informação fazem com que estes alcancem o seu pleno potencial.

Os processadores de texto computadorizam a criação, edição, revisão e impressão de documentos pelo processamento eletrônico de seus dados de texto, com diversos estilos de fontes, gráficos, fotos e cores. A produção informatizada de textos trouxe flexibilidade de feedback, interação e reconfiguração, inclusive em documentos extensos, alterando o próprio processo de comunicação.

As planilhas eletrônicas são utilizadas para análise, planejamento e modelagem de negócios. Com a utilização de uma planilha, o usuário pode criar cálculos para orçamentos, previsões e planejar os investimentos futuros, criar tabelas variadas, controlar os gastos, controlar o caixa, etc. Combinando uma extensa gama de recursos de manipulação de dados, cálculo e funções matemáticas, com a capacidade de exibição de dados com amplos recursos gráficos, as planilhas permitem a elaboração de relatórios de forma altamente organizada e profissional.

Os navegadores são a interface fundamental de software utilizada para apontar e clicar sobre recursos em hiperlink da rede mundial de computadores (*World Wide Web*), bem como as intranets e as extranets empresariais. Outrora limitados a surfar na rede, os navegadores estão se tornando a plataforma de software universal na qual os usuários iniciam busca de informações, enviam e recebem e-mail, transferem arquivos de multimídia, participam de grupos de discussão, etc.

O e-mail mudou o modo como as pessoas trabalham e se comunicam. Pacotes gratuitos de e-mail (como o MS Hotmail e o Netscape Webmail) encontram-se disponíveis. Softwares completos de e-mail (como o MS Exchange E-mail ou o Netscape Messenger) podem rotear mensagens para múltiplos usuários finais, com base em listas de endereçamento predefinidas, e garantir a segurança de senhas, encaminhamento automático de mensagens e acesso a usuários remotos.

3.4 Sistemas de Integração com o Consumidor – SIC

Os Sistemas de Integração com o Consumidor – SIC – são extensões dos SPT, porém nas mãos dos clientes. Ao colocar tecnologia em poder de seus clientes, a empresa permite que estes processem suas próprias transações, reduzindo os custos operacionais. Os caixas automáticos dos bancos são, talvez, o melhor exemplo de SIC[2]. Por meio dos caixas eletrônicos, deixa-se que o cliente faça suas transações bancárias a qualquer tempo e no local que escolher, dois aspectos que são bastante valorizados pelo mesmo.

Um exemplo de SIC é o sistema produtivo da Dell, fabricante de computadores. O cliente entra no site da Dell e configura o computador segundo sua necessidade. É como se a Dell convidasse os consumidores a tomarem emprestado suas matérias-primas e capacidade produtiva para fabricar um computador de sua escolha. A Levi Strauss já permite que os clientes entrem com suas próprias medidas e usem os recursos e competências da empresa para fabricar jeans com suas medidas exatas. A Levi Strauss não precisou de informações prévias sobre os clientes, uma vez que os próprios inserem seus dados no momento do pedido.

A Embraer desenvolveu um sistema de projeto virtual das aeronaves, que permite que os clientes entrem e percorram todo o avião, remotamente, antes mesmo que sejam desenvolvidos protótipos. Assim, os clientes podem solicitar mudanças, que são feitas instantaneamente, somente no computador, economizando recursos e tempo.

A Receita Federal também é outro exemplo de SIC. Há alguns anos, tem permitido que os contribuintes façam o download dos programas necessários para suas declarações de Imposto de Renda e preparem integralmente suas declarações em seus micros, remetendo-as novamente para a Receita pela Internet.

3.5 Sistemas de Apoio ao Trabalho em Grupo – *Groupware*

Os Sistemas de Apoio ao Trabalho em Grupo – *Groupwares* – são sistemas concebidos especialmente para melhorar o desempenho de times e equipes dentro das empresas, por meio de um apoio ao compartilhamento e ao fluxo de informações[3].

Esse tipo de sistema pode ser usado de diferentes formas dentro de uma empresa. A dinâmica do trabalho em grupo pode ser otimizada por meio de reuniões eletrônicas, boletins de informação, agendas compartilhadas, videoconferência e navegação conjunta na Internet. A gestão de documentos de uso comum é, talvez, um dos componentes mais críticos para o sucesso de um trabalho em grupo. Normalmente, os *groupwares* incluem ferramentas para armazenamento, organização e gestão desse material, com controles de nível de acesso, atualizações e autenticações. Com esse tipo de recurso, os membros das equipes podem armazenar, acessar, rastrear e organizar uma grande variedade de informação, nos mais diversos formatos, tais como textos, áudio, vídeo, bancos de dados e tabelas.

O Serpro é uma empresa pública brasileira, vinculada ao Ministério da Fazenda. Ela investiu na criação de um portal corporativo, que, além de facilitar a comunicação entre seus funcionários, criou um repositório virtual de documentos, em diversos formatos, como imagens, vídeos, apresentações, etc. Qualquer funcionário pode submeter um documento ao repositório, porém as contribuições são avaliadas antes de serem publicadas. Uma vez publicada, contém um link para o e-mail do funcionário responsável por sua criação. Se alguém estiver lendo a contribuição e tiver alguma dúvida, pode imediatamente enviar um e-mail ou mesmo propor um chat ao funcionário que elaborou o documento, trabalhando juntos, ainda que fisicamente distantes[4].

3.6 Sistemas de Informações Gerenciais – SIG

Os Sistemas de Informações Gerenciais – SIG – atendem aos níveis gerenciais da empresa e servem, basicamente, para as funções de planejamento, controle e tomada de decisão por meio da geração de sumários de rotinas e relatórios de excepcionalidades. Os SIG são concebidos prioritariamente para resumir o que está acontecendo e apontar para os gerentes a existência de problemas ou oportunidades.

Porém, os relatórios gerados pelos SIG não indicam, normalmente, as causas do problema, ou ainda quais seriam as soluções.

Em alguns casos, podem permitir acesso à performance atual da organização, bem como a registros históricos. Eles são orientados quase que exclusivamente para ambientes internos. Portanto, os SIG trabalham majoritariamente com dados capturados, processados e armazenados pelos SPT e SIC.

Basicamente, os SIG trabalham com quatro tipos de relatórios:

- **Periódicos**: gerados em intervalos de tempo predeterminados. Ex.: relatórios diários de vendas, relatórios mensais de horas extras feitas pelos funcionários, etc.;

- **Sintéticos**: relatórios que agregam as informações em formatos predefinidos. Ex.: vendas por vendedor, índice de defeitos por linha de produção e número de estudantes por curso em uma universidade;

- **De exceção**: emitidos apenas quando algum parâmetro predeterminado é extrapolado. Ex.: relatório de clientes que ultrapassaram o limite do cheque especial e relatório dos setores que gastaram mais do que sua cota de suprimentos de escritório;

- **Sob demanda**: com a crescente disponibilidade de informação on-line e em tempo real, os relatórios são gerados no momento em que o gerente solicita, configurados segundo sua necessidade específica de informação em um dado momento.

A Roche, empresa do ramo farmacêutivo, instalou um SIG. Com ele, seus executivos passaram a consultar as despesas com pessoal antes do fechamento da folha de pagamento, o que era impensável antes da implantação do sistema. O ganho no uso de uma ferramenta como essa é, normalmente, percebido com o tempo, na medida em que os executivos de vários níveis vão tendo acesso facilitado à informação que precisam para tomar decisões, gastando menos tempo com atividades burocráticas.

O gerente das Casas Bahia, por exemplo, pode entrar no sistema e ver que, até as 12h05m do dia 21/02/2002, tinham sido vendidos 709 televisores, e que o faturamento total da rede até aquele horário estava em R$ 3.164.204. Ao retornar do almoço, às 15h30m, veria que as vendas de televisores tinham crescido para 1.641, e que o faturamento total da rede estava em R$ 7.754.258[5]. Caso desejasse ter acesso a mais detalhes, poderia descobrir quantos dos televisores eram coloridos e quantos eram preto-e-branco, quantos eram de cada marca, quais clientes pagaram a prazo e quais pagaram à vista.

3.7 Sistemas de Apoio à Decisão – SAD

Os Sistemas de Apoio à Decisão – SAD – são sistemas informatizados que ajudam o gerente em sua tarefa de analisar informações, por meio de ferramentas de processamento analítico on-line, com o objetivo de facilitar o processo de tomada de decisão. Normalmente, a tomada de decisão exige um grande esforço e análise humana. Os SAD buscam disponibilizar a maior quantidade possível de informações relevantes sobre um determinado assunto, para minimizar o esforço humano de processamento destas.

Ao contrário dos SPT, os SAD lidam com problemas não rotineiros, não estruturados, ou seja, aqueles para os quais não existe um caminho predefinido para se chegar a uma solução.

Na área de recursos humanos, podem resolver problemas como estimativas para força de trabalho, análise de funções e remuneração estratégica, análises demográficas, planejamento de sucessões. Na área de produção, auxiliam os gerentes a tomarem decisões sobre planejamento de capacidade, planejamento de recursos, locais para instalação de novas plantas, além de ajudarem na pesquisa e análise da concorrência. No campo do marketing, apóiam as decisões ao fornecer informações sobre previsões de mercado, práticas da concorrência, evolução do perfil demográfico de uma determinada população. Também são úteis no planejamento da remuneração estratégica do corpo de vendedores e no suporte à definição de estratégias de precificação. Na área de contabilidade e finanças, os SAD auxiliam os gerentes a analisarem dados do mercado financeiro, fazer previsões econômicas, estimativas orçamentárias e a tomar decisões de investimentos.

3.8 Sistemas de *Business Intelligence*

As grandes empresas que desenvolvem sistemas de ERP e outros tipos de sofisticados sistemas de informação começaram a incorporar ferramentas amigáveis aos usuários em seus produtos, permitindo que os gerentes tivessem acesso em tempo real aos indicadores centrais de desempenho do negócio. Há mais de 15 anos, esses sistemas foram chamados Sistemas de Informação Executiva (*Executive Information Systems*, ou EIS). Mas, atualmente, as ferramentas de BI vêm sendo democratizadas, e mesmo gerentes em níveis intermediários precisam dispor da informação para analisar o desempenho de sua unidade.

Fazendo uma analogia com as indústrias de aviação e automotiva, as empresas de software criaram cabines de comando ou *cockpits* (ver caso Petrobras, Vida Real, Capítulo 1), que permitem aos gerentes visualizar a informação que é essencial para controlar suas áreas. Usando gráficos, mapas e outros recursos visuais, como cores, três dimensões, etc., os gerentes podem obter detalhes, fazer relações ou obter resumos sobre os aspectos-chave de suas operações.

Tomando como exemplo uma empresa de consultoria em sistemas de informação. Os gerentes de relacionamento com o cliente e os gerentes de projetos gostariam de saber se seus produtos estão atendendo às necessidades do cliente. O *painel de controle* mostraria um círculo verde, com notas, ao lado de cada projeto em que o cliente está satisfeito. Mas para clientes e projetos com problemas, um quadrado vermelho para chamar atenção para a situação. Assim, os gerentes conseguem manter atenção permanente no nível de satisfação de cliente[6].

A empresa brasileira Execplan criou o software de *Business Intelligence Fast* – B.I. –, usado por diversas empresas no Brasil: Baxter Hospitalar, Latapack-Ball, Milenia, Diário do Grande ABC, Santher e Romi[7]. Esta, uma fabricante de máquinas de ferramentas desde 1930, usa o software para dar a seus executivos dados atualizados sobre cinco áreas-chave para a empresa: finanças, vendas e marketing, indicadores de desempenho, informação de mercado e visão corporativa. O *Fast* B.I. extrai dados do sistema de ERP utilizado pela empresa, que por sua vez é produzido pela Oracle, e os apresenta num formato de fácil visualização para os executivos da empresa. Por meio do uso desse software, os executivos da Romi podem manter atenção ao desempenho de cada área de atividade, o que permite à empresa responder rapidamente às situações e às oportunidades no mercado[8].

3.9 Sistemas de Inteligência Artificial

São sistemas de informação que tentam imitar potencialidades humanas, tais como pensamento e raciocínio. Nesta seção, examinaremos dois grupos de sistemas de Inteligência Artificial – IA – cujo uso em negócios está crescendo em popularidade: sistemas especialistas e redes neurais.

3.9.1 Sistemas Especialistas

O que você pensa quando alguém fala a palavra "especialista"? Alguém que entende muito de um assunto específico talvez? Alguém que tem uma educação avançada em um campo estreito de estudos? A pessoa em quem você está pensando tem anos de experiência, que usa no momento em que responde a uma pergunta ou resolve um problema. Em alguns casos, a perícia de uma pessoa pode ser assegurada pelas certificações profissionais que obteve durante sua carreira, passando a ser respeitada por seus colegas. Normalmente, espera-se que o especialista tenha, também, padrões morais elevados, apresentando avaliações objetivas das situações, dando informações imparciais e objetivas.

> Um sistema especialista (*expert system*) é software que imita a tomada de decisões de um especialista humano. Tais sistemas são usados para apoiar a tomada de decisões em áreas específicas.

Essas são algumas características de um especialista humano. Agora, imagine um software que analise situações e dê recomendações sobre uma situação da mesma maneira que um especialista. Esse tipo de ferramenta existe e é chamada de Sistemas Especialistas (*Expert Systems*, ou ES).

Os sistemas especialistas podem ser encontrados em várias áreas, da exploração de petróleo à Medicina. Ilustraremos diversos casos de utilização desses sistemas nos negócios, descrevendo uma estrutura básica de como operam e examinando razões pelas quais as companhias os desenvolvem.

3.9.1.1 Sistemas Especialistas na Agricultura

Uma das aplicações mais populares dos ES está na agropecuária. Os fazendeiros, dispersos pelo do país, têm perguntas sobre a saúde dos seus animais ou sobre suas colheitas. Talvez o fazendeiro queira diagnosticar uma doença incomum em um de seus cavalos, ou identificar que tipo de herbicida é o melhor para tratar um problema com sua colheita de soja. Se não houver um especialista disponível para examinar e diagnosticar as circunstâncias e, então, prescrever a ação correta a ser feita, ele pode usar um ES para obter respostas. Este é o tipo de sistema usado pela Milenia, já discutido no Capítulo 2.

3.9.1.2 Sistemas Especialistas em Instituições Financeiras

A indústria bancária usa os sistemas especialistas para avaliar concessões de crédito ou empréstimos. Em vez de atribuir esta tarefa exclusivamente a um gerente sênior do banco, as instituições podem confiar nas informações contidas no sistema e delegar a decisão aos gerentes mais jovens. Isso evita que, caso haja poucos gerentes seniores com experiência em empréstimos, estes demorem muito tempo para serem analisados. Com o ES, um maior número de empregados juniores pode recomendar empréstimos a clientes do banco mais rapidamente.

Essa aplicação não se restringe a instituições financeiras clássicas. A rede Casas Bahia, tradicional por conceder crédito a clientes de baixa renda, investiu em um avançado e complexo sistema de análise de informações, para identificar previamente quais são os clientes com maior probabilidade de se tornarem inadimplentes. Como 90% das vendas da rede são financiadas e o seu índice de inadimplência era de 6%, para um faturamento de R$ 3,6 bilhões em 2001, trata-se de uma questão vital para a Casas Bahia[9].

3.9.1.3 Sistemas Especialistas na Manutenção e Apoio

A equipe de funcionários de apoio técnico em *call centers* ao redor do mundo existe para ajudar clientes a identificar problemas em seus computadores pessoais, por exemplo. Empresas como a Microsoft, a Novell e a HP disponibilizam para os seus técnicos uma enorme base de dados e sistemas de gestão do conhecimento, com os quais podem ajudar os clientes a resolverem seus problemas, seja no software, seja no hardware. Os clientes explicam as dificuldades que estão tendo e os técnicos, pelos sintomas descritos, buscam nos ES sugestões de perguntas que precisam ser feitas aos clientes, com o objetivo de esclarecer ou de obter a informação essencial para o diagnóstico e a solução do problema. Dessa maneira, os técnicos de suporte podem ajudar os clientes em uma variedade de problemas – mesmo que sejam aqueles com os quais não tenham lidado anteriormente. O conhecimento e a experiência dos técnicos da empresa podem estar embutidos nos ES e disponíveis para todos.

Como se vê, os Sistemas Especialistas são usados geralmente para realizar duas atividades: diagnosticar uma situação e fazer uma recomendação sobre a ação que deve ser feita. Quaisquer atividades que tenham estas duas características são candidatas potenciais para o desenvolvimento de ES.

3.9.1.4 Sistemas Especialistas na Produção

A Camargo Corrêa Cimentos (CCC) está construindo, na cidade de Ijaci (MG), uma das mais novas e sofisticadas fábricas de cimento do país. As operações da fábrica serão controladas completamente por ES e por equipamentos guiados por computador.[10] Por exemplo, os fornos usados para produzir o cimento serão monitorados continuamente, com sensores que emitirão leituras aos computadores, que farão a análise dos dados e ajustes automáticos nas operações do forno.

3.9.1.5 Desenvolvendo Sistemas Especialistas

A criação de sistemas especialistas requer dois grupos de profissionais: os especialistas na área (financeira, medicina ou engenharia, por exemplo) e os profissionais de sistemas de informação. São estes que fazem exame do conhecimento, da experiência e da forma com que os especialistas tomam suas decisões, convertendo este conjunto em um aplicativo que permita a um não-especialista chegar a uma decisão semelhante. Após um ES ter sido projetado e testado, passa a poder ser usado por outros como uma fonte da informação sobre um assunto.

Sistemas especialistas são diferentes de outros tipos de software descritos neste capítulo, tais como os Sistemas de Processamento de Transações (STP) ou os Sistemas de Informações Gerenciais (SIG). Estes estão programados

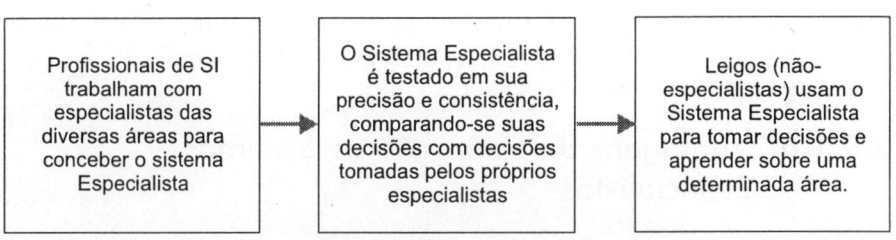

Profissionais de SI trabalham com especialistas das diversas áreas para conceber o sistema Especialista	O Sistema Especialista é testado em sua precisão e consistência, comparando-se suas decisões com decisões tomadas pelos próprios especialistas	Leigos (não-especialistas) usam o Sistema Especialista para tomar decisões e aprender sobre uma determinada área.

Figura 3.1
Desenvolvimento de um Sistema Especialista.

para processar e apresentar dados de uma maneira altamente estruturada e repetitiva. Se você considera o SPT na área de Recursos Humanos, por exemplo, só há uma maneira "correta" para processar a folha de pagamento. Cada vez que os cheques de pagamento dos empregados são processados, o mesmo programa – as mesmas fórmulas – está sendo usado. Não há variações na maneira com que os componentes individuais são calculados. Similarmente, os SIG sempre produzem resumos das vendas semanais de uma mesma forma. É lógico que os dados contidos na folha de pagamento e os dados sobre as vendas vão variar de período a período, mas o modo com que o software examina os dados e os processa é sempre o mesmo.

A citação seguinte resume a diferença entre o ES e outros tipos de aplicações de uma forma concisa e clara: "Para raciocinar como um ser humano, os Sistemas Especialistas se utilizam não somente do conhecimento fatual, como os programas convencionais, mas também de conhecimento incerto e de observações baseadas em experiência e intuição (coletivamente chamado de heurística). Os fatos e a heurística são extraídos de especialistas em uma área do saber. São acoplados, então, aos métodos de analisar, manipular e aplicar o conhecimento codificado, de modo que o programa possa fazer inferências e explicar suas ações".[11]

Quais recursos são necessários para desenvolver um ES?

A experiência acumulada ao longo da vida de um especialista. Os profissionais dos sistemas de informação, pois, são os que têm a competência técnica para desenvolver o ES. Porém há dificuldades. No tempo em que o especialista estiver se dedicando ao projeto, não estará interagindo com seus colegas. O tempo em que os profissionais de programação estiverem gastando no desenvolvimento do projeto é um tempo que deixarão de dedicar às suas outras atividades de programação. Um caminho é a contratação de uma consultoria externa, o que requer dinheiro e coordenação com o departamento de sistemas de informação, de modo a assegurar a compatibilidade e a integração com outros sistemas da organização. Cada empresa deve avaliar os benefícios e os inconvenientes, desenvolvendo os ES segundo sua própria situação.

3.9.1.6 Vantagens da Utilização de Sistemas Especialistas

Por que uma empresa dedicaria os recursos humanos e financeiros necessários ao desenvolvimento de um ES? Há duas categorias abrangentes de razões: a preservação do conhecimento na empresa e a disponibilização deste para aqueles que não são especialistas.

Assim, com o uso desses sistemas, as empresas conseguem:

- preservar o conhecimento de seus especialistas, evitando que este se perca no momento em que porventura venham a deixar a empresa;
- permitir que todos os funcionários tenham acesso à informação, mesmo quando o especialista não está disponível;
- fornecer um caminho para empregados juniores aprenderem como resolver problemas, espelhando-se na forma como o especialista o faria;
- dar respostas consistentes, de alta qualidade e isentas de preconceitos ou polarizações entre os indivíduos.

3.10 Redes Neurais

Considere as seguintes tarefas:

- decidir se uma reivindicação de seguro da saúde é real ou fraudulenta;
- determinar se uma compra feita com cartão de crédito foi mesmo realizada pelo portador do cartão;
- executar uma inspeção de controle de qualidade em um produto feito numa fábrica;
- recomendar produtos a um cliente, baseado em suas compras prévias;
- ler o que um usuário escreve à mão em um computador portátil.

O que é comum entre elas? Para algumas atividades de negócio, é importante poder procurar, em grande quantidade de dados, padrões de comportamento ou de atividades. A tecnologia usada para realizar este tipo de tarefa é chamada Redes Neurais. Estas são projetadas para efetuar classificações em grandes coleções de dados e isolar determinados padrões. Tais padrões podem ser de sons, imagens ou dos próprios dados. Uma vez identificados, as redes neurais modificam a forma como procuraram por eles, confiando nos resultados das buscas precedentes. Ou seja, as redes têm a capacidade de aprender.

As aplicações de redes neurais a processos de negócios está aumentando, particularmente na área de investigação de fraudes. As empresas de seguro usam a ferramenta para identificar indivíduos fraudulentos. Similarmente, bancos têm utilizado a ferramenta para minimizar perdas com cartões de crédito e de débito roubados dos clientes. Os sistemas ajudam a prever o comportamento do associado, baseado em seu padrão de comportamento passado. Por meio dos registros das transações comuns e legítimas dos usuários, as redes neurais são capazes de identificar aquelas que fogem ao padrão e que devem, portanto, ser objeto de investigação[12].

O site Via Rio, de turismo para a cidade do Rio de Janeiro, usa redes neurais para gerar anúncios personalizados aos seus visitantes. Por meio do roteiro que cada visitante percorre dentro do site, e da comparação deste com determinados padrões de uso, o Via Rio pode customizar o seu marketing[13]. As empresas que investem em publicidade no site têm mais probabilidade de continuar investindo se sentirem que os resultados são positivos. Estes, por sua vez, têm mais chance de serem bons quando os anúncios são especificamente direcionados para atender às preferências e aos interesses do visitante.

Um outro uso para redes neurais está na área de gestão de investimentos. O Banco Votorantim usa a ferramenta para prever o movimento de mercados financeiros. Um dos analistas de mercado do banco usa redes neurais para ajudar a prever o sentido dos vários mercados e moedas. A análise fornece os valores futuros para o Ibovespa, índices americanos Dow Jones e Nasdaq, taxas de juros, cotação do dólar e outros[14].

3.11 Sistemas de Informações Geográficas (GIS)

Imagine que você é um dos maiores distribuidores de energia elétrica na América Latina. Uma de suas áreas de serviço, as 24 cidades dentro da área metropolitana de São Paulo, tem 1.638 circuitos primários, 1,1 milhão de postes e 270 mil equipamentos de rede. Como se compartilha a informação sobre as posições de sua rede de distribuição com seus empregados? Como se decide que pontos necessitam ser instalados, reparados ou alterados? Pode-se usar uma tecnologia chamada GIS (Sistemas de Informações Geográficas).

Isto é exatamente o que faz a AES Eletropaulo. "A tecnologia GIS não representa simplesmente um mapa de nossa área de concessão", explica Marco Antônio Afonso, responsável pela implementação do projeto[15]. Sistemas de Informações Geográficas mostram dados como pontos em um mapa. Estes podem ser arranjados de acordo com vários temas ou categorias, permitindo que os usuários analisem facilmente situações e tomem decisões baseadas nos dados.

Os GIS são utilizados pela Petrobras para dar acesso aos gerentes a informações sobre as atividades e a conformação da empresa, inclusive suas políticas para operações nas áreas de saúde, segurança e ambiente na Amazônia[16]. Apresentando os dados em mapas, os gerentes podem facilmente identificar as práticas que estejam fora da conformação.

Outros usos dos Sistemas de Informações Geográficas são:

- apoio à decisão sobre onde construir fábricas e centros de distribuição – uma empresa pode desejar instalar-se perto das estradas principais e das maiores concentrações de seus clientes. Cruzando esses dados, os gerentes da empresa podem visualizar a melhor posição para seus centros;
- usando os dados do Censo, as empresas podem decidir que mercados são mais lucrativos e desenhar campanhas de marketing específicas para essas áreas geográficas;
- planejamento diário das rotas de entrega de uma empresa é mais fácil quando se pode ver onde os clientes estão localizados geograficamente – muitas aplicações de gestão da cadeia de suprimentos incluem características de GIS em seus módulos de distribuição;
- as empresas de seguro usam GIS para identificar as áreas onde são comuns enchentes, e para saber se um cliente específico se localiza em alguma delas – em caso positivo, podem aumentar os prêmios dados aos clientes, por causa do risco mais elevado.

3.12 O papel da Internet e das Intranets

Com a difusão do acesso à Internet, muitos softwares são desenvolvidos para criar aplicações em seus programas, de forma que as empresas possam utilizá-los a partir da Internet. Isso faz sentido, uma vez que a maioria das pessoas nas empresas, atualmente, sabe utilizar com facilidade um navegador de Internet, tais como o Netscape Navigator e o Internet Explorer. Os clientes, os fornecedores e outros *stakeholders* podem rapidamente acessar a informação de que necessitam, fazer vendas, compras, verificar o status de pedidos, fazer novas ordens, solicitar serviços pós-venda, etc.

Os Correios, por exemplo, usam seu site (www.correios.com.br) para fornecer informações sobre os preços, o prazo de entrega e outros detalhes sobre remessa de encomendas internacionais. Suponha que você precise enviar um pacote a um cliente no Chile. Usando o conceito de auto-atendimento (self-service de informações), você poderia obter as taxas, o tempo que levará para chegar ao destino, informações sobre restrições de alguns tipos de produtos e os documentos de exportação que é preciso anexar ao pacote.

Muitos negócios também usam tecnologia de Internet (hipertexto, webdesign, mecanismos de busca, correio eletrônico, etc.) em suas redes internas, constituindo uma Intranet, cujo acesso é restrito somente aos funcionários da empresa. A Elektro Eletricidade e Serviços S.A., um grande fornecedor de energia elétrica nos Estados de São Paulo e Mato Grosso de Sul, configurou sua Intranet para permitir que os empregados acessem bases de dados da empresa e compartilhem recursos e informações como a lista de ramais, notícias diárias da empresa e do setor de energia, páginas das diretorias e departamentos[17].

VIDA REAL
Adeus custo Brasil

O Porto de Santos é a maior instalação portuária do Brasil e da América Latina, movimentando cerca de 35% do PIB nacional. Localizado a 65 km de São Paulo, o Porto tem, em um raio de aproximadamente 100 km, dois aeroportos internacionais, três auto-estradas interestaduais, duas ferrovias e uma hidrovia, fazendo parte essencial de uma ampla rede de logística, altamente interconectada.

Apesar disso, durante muito tempo, o Porto de Santos operou com baixa produtividade, equipamentos obsoletos e corrupção. As aplicações de tecnologia e automação (3.2) eram raras, até que, com a abertura do mercado brasileiro ao comércio internacional e o aumento da pressão por competitividade, começaram a ser realizados investimentos em sua modernização.

A Santos Brasil S.A. (SBSA) é uma das operadoras de terminais do Porto de Santos, mais especificamente o terminal de contêineres 1 (TECON1), empresa constituída no processo de privatização do fim da década de 1990, que se tornou um referencial de qualidade operacional para as demais empresas que atuam nesse ramo. Um dos principais pontos desse processo de modernização foi a instalação de um complexo sistema de informações, chamado *Container Terminal*

Information System (CTIS), obtido da empresa alemã HPC (Hamburg Port Consultancy GmbH), através de acordo de desenvolvimento conjunto.

Antes do CTIS, não havia praticamente automação. Muitos programas de computadores eram utilizados, de forma fragmentada, para pequenos procedimentos administrativos, tais como controle dos portões de entrada e saída, produção de documentos e controles financeiros. Mas esses sistemas estavam baseados em diferentes plataformas tecnológicas, de difícil integração, o que fazia com que os usuários tivessem que alimentar repetidamente os mesmos dados.

O CTIS foi concebido em torno de alguns objetivos essenciais:

- apoio a todos os processos do negócio com o mesmo sistema de tecnologia de informação;
- integração dos sistemas internos e externos, de forma a haver maior convergência (ERP) entre eles;
- aplicação de tecnologia de vanguarda;
- treinamento de todos os usuários da parte operacional do terminal;
- transferência de know-how do sistema para usuários-chave. Rodando em UNIX, o CTIS foi desenvolvido através da linguagem de programação Uniface, suportada por um banco de dados Oracle. Após instalado, o CTIS passou a apoiar todos os processos operacionais (SPT, 3.2) da SBSA. Todas as vezes que um contêiner é movimentado, a respectiva instrução de manuseio é gerada e controlada (SIG, 3.5) no CTIS. A maioria dos processos de negócio se acelerou devido ao fato de que cada ação foi organizada em uma abordagem de *workflow*. Entre os processos inteiramente controlados pelo sistema, destacam-se o agendamento da chegada de navios; a programação de carregamentos e descarregamentos; a ordenação dos procedimentos de ova e desova; o controle de refrigeração dos contêineres; o planejamento do armazenamento; a entrada e saída dos portões; a seleção e a programação de equipamentos.

O CTIS tem interfaces com os seguintes sistemas:

- sistema de controle financeiro (desenvolvido pela Microsiga);
- sistema de cobrança;
- Siscomex (software obrigatório para o processamento de importações e exportações);

- sistemas proprietários dos armadores para os navios que chegam ao Porto;
- sistemas alfandegários da Receita Federal.

As interfaces com outros sistemas têm proporcionado maior agilidade e rapidez nos desembaraços aduaneiros. Toda a inspeção dos documentos passou a ser feita eletronicamente, via código de barras, o que reduziu muito o tempo de espera nas docas e a transferência para os diversos modais.

Outra função do sistema é gerenciar as diferenças entre formulários estrangeiros e nacionais, evitando problemas na documentação. Também há a possibilidade de geração de um mapa completo da localização dos contêineres dentro dos navios, separados por tamanho e peso, determinando, segundo as características de cada navio, o melhor lado para atracação. Essa tarefa era executada manualmente, gerando uma alta percentagem de erro e consumindo longos períodos de tempo.

Atualmente, há uma equipe de sete pessoas dedicadas ao desenvolvimento do CTIS, além de três funcionários incumbidos do suporte aos usuários. A rede do CTIS envolve 180 usuários internos e, aproximadamente, 50 clientes externos.

O sucesso da implantação do sistema traduz-se nos indicadores de desempenho do terminal. Houve ganhos de produtividade nos "Movimentos por Hora" da ordem de 170%; o tempo de espera na barra para atracação foi reduzido em 12 vezes; os preços de manuseio das cargas foram reduzidos em 1/3; o terminal conquistou as certificações ISO 9001 e ISO 14001; o tempo total de uma operação caiu de uma média de cinco dias para um dia. Mas a SBSA não está satisfeita. Pretende fazer com que alguns módulos do CTIS evoluam para se tornarem sistemas especialistas (3.9). Hoje, o CTIS faz o agendamento eletrônico e provê as informações sobre tudo que vai ser carregado em uma determinada data. Mas ainda é necessário que uma pessoa insira a rota de carregamento, de modo que os recursos necessários (mão-de-obra e equipamentos) possam ser alocados. Isso poderia ser resolvido pelo próprio sistema, em interface com os sistemas dos armadores.

Sintetizado pelos autores, com permissão, a partir do artigo "Container Terminal Information System: Technology Cooperation Towards Successful Container Terminal Operation Management", de Angela Cristina Dannemann e Gilberto Braga. Adeus Custo Brasil.

VIDA REAL
Salvando mais vidas

O Hospital Israelita Albert Einstein é um dos maiores do Brasil. Realiza, anualmente, 26 mil cirurgias, 67 mil atendimentos de urgência e um milhão de exames e procedimentos médicos. O Albert Einstein é referência nacional em oncologia, doenças neurovasculares, cardiologia, traumatologia e transplante de fígado. Nas palavras do presidente de sua entidade mantenedora, Dr. Cláudio Luz, "alta tecnologia e complexidade são o nosso forte".

Para dar conta de atender 186.056 pacientes, o número alcançado em 2001, o Hospital precisa dispor de eficientes Sistemas de Processamento de Transações – SPT (3.2). São atividades típicas de um sistema dessa natureza o cadastro dos pacientes, os registros de entrada e saída de medicamentos do almoxarifado, a aquisição eletrônica de materiais e medicamentos, a atualização dos prontuários dos pacientes, bem como as operações específicas realizadas por máquinas especializadas, como a que faz tomografias computadorizadas. A parte de controle de materiais e medicamentos é particularmente importante, dado que, por ano, no Albert Einsten, consomem-se 240 mil pacotes de gaze, 360 mil m^3 de oxigênio, um milhão de seringas e 1,2 milhão de pares de luvas.

Seus funcionários precisam de agilidade em seu trabalho diário, valendo-se, para tanto, de aplicativos de automação de escritório (3.3), como correio eletrônico, processador de textos, planilhas eletrônicas e bancos de dados. Para facilitar o trabalho do Hospital, há Sistemas de Integração com o Consumidor, como o que permite que alguém que faz um exame no serviço de apoio ao diagnóstico e acesse seu resultado pela Internet, de sua própria casa. Há, também, aparelhos que são colocados nas pessoas para medir determinados parâmetros de seus organismos: os pacientes vivem sua rotina normal, enquanto os aparelhos coletam e armazenam os dados que serão, posteriormente, extraídos e processados pelos sistemas. Alguns pacientes crônicos, como os portadores de diabetes, por exemplo, podem fazer testes domiciliares, encaminhando os resultados para seu médico por e-mail.

Muitas vezes, os próprios médicos gostam de recorrer à opinião de um colega. Para facilitar isto, há aplicativos que buscam apoiar o trabalho em grupo (3.6), permitindo que vários médicos façam reuniões eletrônicas, compartilhando, na tela de seus computadores, os resultados dos últimos exames de um determinado paciente. Há a necessidade de se recuperar os exames anteriores? A informação está ali, na ponta dos dedos. Isso facilita a vida dos 4.521 médicos cadastrados no Hospital, que se espalham por seus 87 mil m^2 de área construída.

Tendo em vista o tamanho do Albert Einsten e a complexidade de sua gestão, há a necessidade, também, de Sistemas de Informações Gerenciais (3.5). Por meio desses aplicativos, os administradores hospitalares têm condições de saber quando há excesso no uso de um determinado medicamento, quando ocorrem desvios dos parâmetros de infecção hospitalar, quantos pacientes foram atendidos por um determinado médico, índices de utilização de serviços, como os de radiologia, por exemplo, ou o número de cirurgias cardiovasculares. Uma informação gerencial imprescindível é a quantidade de leitos disponíveis e o tempo médio que cada paciente passa no Hospital. Isso é relevante, pois a administração adota a filosofia de desospitalização, ou seja, de redução do tempo de permanência do paciente no Hospital, que hoje está em cerca de quatro dias. Pode parecer incoerência que um hospital não queira manter os seus pacientes, mas, na verdade, o Albert Einsten não tem interesse em ampliar o número de leitos utilizados, mas, sim, aumentar a gama de serviços oferecidos, como reabilitação, medicina preventiva e geriatria.

Com base no levantamento e comparação de dados demográficos e socioeconômicos, os executivos do Albert Einsten tomam decisões sobre a instalação de novas unidades, ou sobre o preço a ser estabelecido para um determinado procedimento. Para tanto, valem-se do apoio de Sistemas de Apoio à Decisão (3.6).

Uma área que tem merecido atenção especial é o uso de imagens digitais. Para acelerar o tráfego das imagens e não sobrecarregar o envio de dados, foi criada uma rede Gigabit específica para o tráfego desses arquivos, utilizado-se um sistema de distribuição por Pacs – *Picture Archiving and Communication Systems*. Essa tecnologia permite que o médico visualize a imagem sem precisar fazer o download da mesma. Com isso, os médicos ganham tempo.

Todos os aplicativos utilizados pelo Albert Einsten usam um único banco de dados, da InterSystems, que é orientado a objetos. Isto é particularmente importante para a área médica, que lida com milhões de transações simultâneas e lógicas, cada vez mais intrincadas. Os bancos de dados orientados a objetos permitem organizar e manipular informações complexas de forma mais eficaz em relação aos tradicionais bancos de dados relacionais. Com base no banco de dados e usando aplicações de redes neurais (3.10), o Hospital descobre se há algum padrão nos 2.278 partos realizados por ano.

Com isso tudo, o Albert Einsten segue cumprindo sua missão, salvar vidas, tendo alcançado, em 2001, R$ 342 milhões de faturamento.

Elaborado pelos autores com base em informações extraídas das reportagens: "Vendendo saúde", Exame (30/09/02); "InterSystems cresce com nova geração de banco de dados", (11/03/02), "Até raio X tem vez na Web", InfoExame, novembro de 2002.

LEITURA COMPLEMENTAR

Uma sociedade sem empregos?

É claro que a introdução de robôs em uma linha de montagem reduz a jornada de trabalho humano. A combinação de automação, controle computadorizado de trabalhos, terceirização e redução da produção gerou um modelo de produção "enxuta" que, em seu extremo, é chamado de fábrica fantasma.

Primeiro, a mecanização, e, depois, a automação. Ambas vêm alterando o trabalho humano há décadas, sempre provocando debates sobre questões relacionadas à demissão de trabalhadores, "desespecialização" versus "reespecialização", produtividade versus alienação, controle administrativo versus autonomia de trabalhadores[18].

Porém há estudos que indicam que um nível tecnológico mais alto está associado a taxas de desemprego mais baixas. A qualidade superior e maior produtividade conseguidas com a introdução de máquinas eletrônicas aumentam a competitividade. E, dessa forma, tanto a empresa quanto o setor precisarão aumentar os empregos para atender à maior demanda.

Novos empregos estão sendo criados, mas a relação quantitativa entre perdas e ganhos varia entre empresas, indústrias, setores, regiões e países, em função da competitividade, estratégias empresariais, políticas governamentais, ambientes institucionais e posição relativa na economia global[19].

Em grande parte, o nível de desemprego depende de fatores como a utilização de tecnologias, política de imigração, evolução da família, distribuição institucional do tempo de serviço no ciclo vital e novo sistema de relações industriais[20].

É certo que a tecnologia altera profundamente a natureza do trabalho e a organização da produção.

QUESTÕES DE REVISÃO

1. Sistemas da inteligência de negócios (SIN) fornecem dados atualizados aos gerentes e aos executivos que querem sumários sobre as atividades críticas em suas áreas de responsabilidade. Finja que se está jogando os papéis alistados abaixo, nos itens a. – e. Que tipo de dados você extrairia do SIN da sua empresa? E de qual outros sistemas de informação o SIN extrairia os dados?
   a. Você é o gerente de operações de um armazém e centro de distribuição para uma empresa de médio porte em Goiás que produz a tubulação de aço;
   b. Você é o gerente de vendas para uma agência de turismo que tem operações em quatro estados: Tocantins, Pará, Maranhão e Alagoas;
   c. Você é o diretor financeiro para uma universidade privada com três "campi" no Amazonas;
   d. Você é o comprador para um loja de agropecuária situada no Rio Grande do Sul;
   e. Você é o chefe do departamento de RH num grande hospital situado no Espírito Santo.

2. Usando a Internet, pesquisar e aprender sobre as caraterísticas de diversos pacotes de software SIN, incluindo aquele mencionado neste capítulo, *B.I. Fast*. Prepare uma tabela que resume suas constatações.

3. Sistemas especializados são projetados para imitar o processo de tomada de decisões de um especialista humano no domínio estreito. Como poderiam esses sistemas serem utilizados nas seguintes indústrias?
   a. Produção dos equipamentos das indústrias aeroespaço e defesa;
   b. Metais e mineira;
   c. Energia/utilidades (empresas que produzem e distribuem a eletricidade e o gás natural para repousos e o uso comercial);
   d. Transporte urbano, tal como sistemas urbanos de ônibus;
   e. Telecomunicações.

4. Procure diversos artigos sobre o uso de ES na área de saúde ou medicina, no Brasil e outros países. Prepare um sumário descrevendo como estes sistemas são usados. Você gostaria que sua doença ou ferimento fossem diagnosticados por uma Sistema Especialista? Por quê?

5. Redes Neurais, software complexo que procura em bases de dados enormes, que contêm milhões de registros de dados, tentam identificar testes padrões

entre vários tipos de dados: os armazenados, como imagens, sons, e, naturalmente, textos tradicionais. Considere as seguintes áreas. Como poderiam Redes Neurais servirem como ferramentas de suporte de atividades cotidianas de cada uma?

a. Segurança dos sistemas de informação;
b. Agricultura;
c. Pesquisa de medicina;
d. Gerenciamento do meio ambiente;
e. Hotelaria;
f. Telecomunicações ou energia/utilidades.

6. Dois usos interessando para Redes Neurais incluem reconhecimento de caligrafia e de voz. Pesquise na Internet para descobrir essas áreas e aprenda sobre alguns dos desenvolvimentos atuais dessa tecnologia. Prepare um relatório breve sobre o que você encontrou.

7. Como podem sistemas de caligrafia ser importantes para um povo cuja língua é baseada nos caracteres, tais como o chinês, o japonês e o coreano?

8. Sistemas de Informação Geográfica (GIS) mostram vários tipos de dados como pontos num mapa. Como pode o GIS ser usado nas seguintes áreas:

a. Aviação;
b. Meteorologia;
c. Forças armadas;
d. Construção das rodovias;
e. Polícia;
f. Transporte.

9. Desde a metade da década de 1990, a Internet (e quando usada interiormente, *intranet*) tem sido uma ferramenta de tecnologia da informação importante para muitas organizações. Escolha duas organizações em cada uma das seguintes categorias e explique como estão usando a Internet e/ou intranets.

a. Varejistas;
b. Turismo;
c. Serviços do governo estadual;
d. Bancária;
e. Siderúrgica;
f. Produção dos automóveis;
g. Serviços legais ou contábeis.

Questões do Provão

A MD Laboratórios Médicos está implantando um Sistema de Informações Gerenciais (SIG) para transformar dados obtidos em seus sistemas operacionais em informações. Pode ser caracterizado como parte integrante do sistema a ser implantado o Sistema de:

a) Armazenamento de Conhecimento;

b) Emissão de Notas Fiscais;

c) Baixa de Equipamentos Vendidos;

d) Contabilização de Entradas de Peças no Estoque;

e) Relatórios Comparativos do Número de Exames.

Uma das principais ameaças impostas às empresas no mundo atual é a de armazenamento do conhecimento. As empresas precisam ficar menos vulneráveis à perda de pessoas que detenham uma expertise em um certo assunto. Sendo você um gerente de Tecnologia da Informação da Arco-Íris, para se resguardar dessa ameaça, que tipo de sistema você deverá implantar?

a) Sistemas de Apoio à Decisão, de maneira que a decisão seja compartilhada por toda a equipe gerencial;

b) Sistemas de Informação Gerencial, de maneira a deixar toda a sua equipe informada sobre todos os assuntos;

c) Sistema de Recursos Humanos, de maneira a disponibilizar melhores ganhos e não permitir a perda de funcionários;

d) Sistemas Especialistas, de maneira a disponibilizar o conhecimento para outros funcionários;

e) Sistemas Executivos de Informação, de maneira a informar à alta gerência sobre todas as rotinas da empresa.

O desempenho organizacional da empresa Persinex Ltda. depende cada vez mais de um Sistema de Informações Gerenciais (SIG) bem estruturado, com capacidade de processamento de informações e de dados, a fim de garantir sua efetiva utilidade nos diversos processos administrativos. Para a administração da empresa, o SIG é particularmente importante em virtude de:

a) sugerir um redesenho organizacional que possibilite a melhor avaliação do seu potencial de crescimento, visando a um aumento de mercado;

b) ajudar a organização a atingir suas metas, fornecendo aos administradores uma visão das operações da empresa, de modo a melhorar o controle, a organização e o planejamento;

c) incrementar as informações e dados favoráveis à rotatividade organizacional, possibilitando a diminuição do quadro funcional da área de informática da empresa;

d) possibilitar a avaliação das informações e dos dados inerentes à horizontalização e verticalização estratégicas da empresa;

e) determinar o fechamento dos dados e das informações específicas dos balanços patrimoniais da empresa a tempo de serem avaliados gerencialmente antes do processo de auditoria externa.

A Empresa LCL Petróleo Ltda. deseja reduzir seus custos de manutenção de motores em seus diversos poções de exploração petrolífera espalhados pelo Brasil. Para tanto, contratou os serviços do Dr. Manoel, consultor na implantação de sistemas especialistas. Uma característica deste tipo de sistema é:

a) não explicar seu raciocínio ou decisões sugeridas;

b) manipular somente dados quantitativos;

c) ser um sistema determinístico;

d) representar uma base de conhecimento;

e) poder lidar com problemas de amplo espectro.

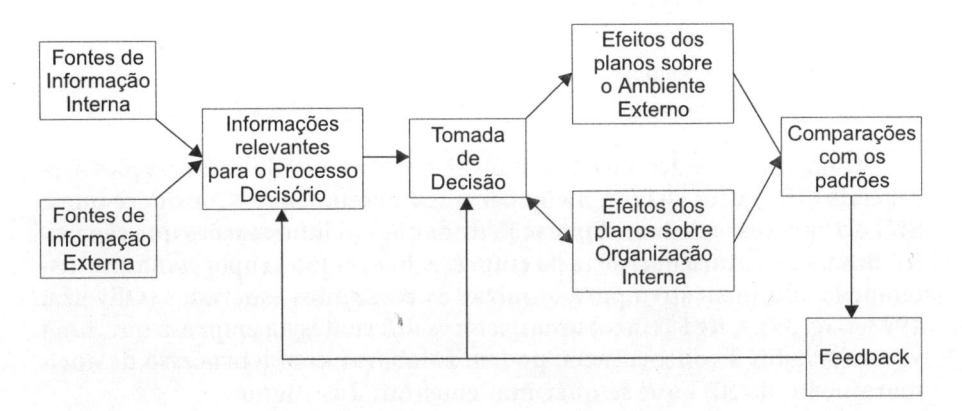

O diagrama acima é uma ilustração dos componentes básicos de um Sistema de Informação Gerencial. No que se refere à sua aplicação no Planejamento e Controle da Produção (PCP), a completa informatização do sistema é considerada mais difícil quando se trata de:

a) Tomada de decisão;
b) Comparação com os padrões e feedback;
c) Fontes de informação interna e externa;
d) Informações relevantes para o processo decisório;
e) Efeitos dos planos sobre o ambiente externo e a organização interna.

Nenhum sistema, por si só, proporciona toda a informação de que a organização necessita. As organizações contam com muitos sistemas de informação que servem aos seus diferentes níveis e funções. Entre os principais sistemas de informação requeridos pelos diversos níveis organizacionais, encontram-se os seguintes:

I   Sistema de Suporte a Executivos – SSE, no nível estratégico;
II Sistema de Informação para a Administração – SIA, no nível gerencial;
III Sistema de Recrutamento e Seleção de Pessoal – SRS, no nível operacional;
IV Sistema de Automação de Escritório – SAE, no nível do conhecimento ou operativo;
V   Sistema de Processamento de Operações – SPO, no nível operacional;
VI Sistema de Compras a Distância – SCD, no nível comercial.

Estão corretos os sistemas:

a) I, II e III apenas;
b) I, III e IV apenas;
c) I, IV e V apenas;
d) II, III e VI apenas;
e) II, V e VI apenas.

Uma empresa decidiu desenvolver um Sistema de Informações Gerenciais (SIG) com vistas a melhorar o seu desempenho. Considere que o SIG é o "processo de transformação de dados em informações que são utilizados na estrutura decisória da empresa, bem como proporcionam a sustentação administrativa para otimizar os resultados esperados (Oliveira, 1992, pág. 39). Cite 5 (cinco) áreas/setores diferentes da empresa que, uma vez associados à concorrência, podem colaborar com o processo de aprimoramento do SIG que se quer implementar. Justifique.

Resumo

- Os Sistemas de Processamento de Transações (SPT) são sistemas informatizados que executam e gravam a rotina diária de uma empresa, ou seja, as transações necessárias para a condução dos negócios. Pelas suas características, atendem ao nível operacional da organização, onde as tarefas são altamente padronizadas, rotineiras e repetitivas.

- Os Sistemas de Automação de Escritórios (SAE) são aplicativos desenvolvidos para aumentar a produtividade daqueles funcionários que atuam no escritório da empresa, como processadores de texto, planilhas eletrônicas, bancos de dados, e-mail, navegadores de Internet, softwares para trabalho em grupo, etc.

- Os Sistemas de Integração com o Consumidor (SIC) são extensões dos SPT, porém nas mãos dos clientes. Permitem que estes usem os recursos e capacidades das empresas para personalizarem bens ou serviços de sua escolha.

- Os Sistemas de Informações Gerenciais atendem aos níveis gerenciais da empresa e servem basicamente para as funções de planejamento, controle e tomada de decisão por meio da geração de sumários de rotinas e relatórios de excepcionalidades. Os SIG são concebidos prioritariamente para resumir o que está acontecendo e apontar para os gerentes a existência de problemas ou oportunidades.

- Os Sistemas de Apoio à Decisão (SAD) são sistemas informatizados que ajudam o gerente a criar informação por meio de ferramentas de processamento analítico on-line, com o objetivo de facilitar o processo de tomada de decisão. Os SAD buscam disponibilizar a maior quantidade possível de informação relevante sobre um determinado assunto, para minimizar o esforço humano de processamento das informações.

- Os Sistemas de Apoio ao Trabalho em Grupo (SATG) são sistemas concebidos especialmente para melhorar o desempenho de times e equipes dentro das empresas, por meio de apoio ao compartilhamento e ao fluxo de informações.

- Sistemas de *Business Inteligence* (SIN) são ferramentas intuitivas, amigáveis aos usuários, que permitem aos gerentes, acesso em tempo real, aos indicadores centrais de desempenho do negócio.

- Sistemas de Inteligência Artificial são sistemas de informação que tentam imitar potencialidades humanas, tais como pensamento e raciocínio. Os dois principais tipos de sistemas de Inteligência Artificial são os Sistemas Especialistas e as Redes Neurais.

- Sistemas de Informações Geográficas (GIS) são usados para dar acesso aos gerentes às informações sobre as atividades e a conformação da empresa, inclusive suas políticas para operações em diversas localidades.

Notas

1. Cf. Laundon & Laundon. Management Information Systems – Organization and Technology in the Networked Enterprise. 6ª edição. Prentice Hall: New Jersey, EUA. 2000.
2. Haag, Stephen; Cummings, Maeve; McCubbrey, Donald J. Management Information Systems for the Information Age, USA: McGraw-Hill Irwin, 2002, p. 38.
3. Exame, Como a Internet está transformando (de verdade) a vida nas empresas, 13/6/2001.
4. Haag, Stephen; Cummings, Maeve; McCubbrey, Donald J. Management Information Systems for the Information Age, USA: McGraw-Hill Irwin, 2002, p. 40.
5. Informações sobre o Serpro extraídas da obra *Portais Corporativos – a revolução na gestão do conhecimento*, Terra, J. C. C. e Gordon, C. São Paulo: Negócio Editora, 2002.
6. Lingblom, M. (2002). "EDS Dashboard to Aid Customers — Technology designed to monitor relationships", Computer Reseller News December 9, p.126.
7. Execplan Web Site. http://www.execplan.com.br/
8. Padovese, C. (2003). Entrevista pessoal, 18 março.
9. Revista Exame, Como a Internet está transformando (de verdade) a vida nas empresas, 13/6/2001.
10. Carnevalli Filho, W. (2001). "New clinker plant for Camargo Corrêa Cimentos", International Cement & Lime Journal, July, p. 28.
11. Portela, E. and Bento, J. (2001). "Dam Safety: The Search for Innovative Tools", Water Power & Dam Construction, April 30, 2001, p. 26.
12. O'Connell, B. (1999). "Neural Networks Take Aim Against Debit Card Fraud", Bank Technology News, March, 12(3), p. 6.
13. Costa, M. (1999). "Em busca do pote de ouro", Revista Exame (703), 15 de dezembro.
14. Guizzo, E. "Papo cabeça," Exame Online, http://www.uol.com.br/negociosexame/revista/revista0002_35.html

15. Fator GIS Notícias Web site. "Eletropaulo Implanta GIS". http://www.fatorgis.com.br/vernoticia.asp?cod=481&orig=A2
16. Petrobras Web site. Press Kit Online. http://www.petrobras.com.br/portugue/acompanh/noticias/amazonas.htm
17. "Elektro usa a intranet para integrar funcionários", B2B Magazine Online (2002), 27 de agosto, Techno/Soluções. http://www.b2bmagazine.com.br/
18. Castells, Manuel. *A sociedade em rede*. São Paulo: Paz e Terra, 1999, p. 262.
19. Ibidem, p. 281.
20. Ibidem, p. 284.

4
Usando Sistemas de Informação como Fonte de Vantagem Competitiva

ABERTURA

No **Capítulo 4**, fazemos uma abordagem muito importante para o campo da Administração: o uso dos sistemas de informação para se obter vantagens competitivas. Partimos do modelo proposto por Michael Porter, de cinco forças estruturais (consumidor, fornecedor, produtos substitutos, entrantes em potencial e rivalidade entre os concorrentes) e duas estratégias genéricas (diferenciação e liderança de custos) para apresentar as possíveis formas de utilização dos sistemas de informação como elemento estratégico.

O capítulo é recheado de exemplos práticos e ilustrado de forma mais completa por dois casos de **Vida Real**: Buckman Laboratories e TIM.

OBJETIVOS DE APRENDIZAGEM

- Conhecer o modelo das forças competitivas de Porter e suas implicações para a conformação das indústrias;
- Analisar como os sistemas de informação afetam as estratégias competitivas das empresas e o ambiente de negócios de uma forma geral;
- Identificar como os sistemas de informação podem ser utilizados para apoiar a concretização de uma estratégia competitiva determinada.

O ambiente em que as empresas estão inseridas tem se revelado cada vez mais competitivo. Houve uma mudança tanto na escala de intensidade quanto no tempo. Produtos que permaneciam durante décadas no mercado agora são aposentados em prazos mais curtos. As empresas estão enfrentando, até mesmo, processos autofágicos, canibalizando seus próprios produtos para conseguir sobreviver.

Diante de um ambiente com essa natureza, é fundamental que as empresas sejam administradas estrategicamente. O pensamento estratégico evoluiu muito nos últimos anos, tornando-se praticamente um campo de estudo e pesquisa na área da Administração.

As novas tecnologias e os sistemas de informação trouxeram novas oportunidades e também novos desafios para as empresas. Neste capítulo, exploramos algumas formas como as novas tecnologias têm impacto na administração estratégica. Começamos descrevendo um modelo que já se tornou clássico na área, o modelo das cinco forças estruturais de Michael Porter.

Depois, discutimos as aplicações das tecnologias de informação em cada uma das possíveis opções estratégicas levantadas por Porter. Continuando o capítulo, tratamos da gestão do conhecimento, uma possibilidade ampliada grandemente pela tecnologia, trazendo uma contribuição muito positiva para a dimensão do planejamento nas empresas.

O capítulo é concluído com uma série de exemplos práticos de aplicação da tecnologia à gestão estratégica das empresas.

4.1 O Modelo das Forças Competitivas de Porter

Michael Porter (1986) considera que a estrutura da indústria é moldada por cinco forças básicas: rivalidade dos concorrentes, ameaça de entrada, poder de negociação do cliente, poder de negociação do fornecedor e ameaça dos substitutos. A interação dessas forças determina a atratividade e a rentabilidade de um setor e, em conseqüência, a sua compreensão é da maior importância para a formulação da estratégia.

As estruturas das indústrias estão em contínua transformação, em resposta às mudanças nas necessidades dos compradores, inovações de produto e processo, flutuações cambiais e de custo, ou seja, elementos que afetem o equilíbrio competitivo. As forças estruturais que moldam a indústria modificam-se com o tempo, definindo, conseqüentemente, a evolução desta. As indústrias evoluem a partir dos movimentos das forças, os quais criam pressões ou incentivos para as mudanças, impelindo processos evolutivos, ao longo dos quais podem aumentar ou diminuir os seus atrativos básicos.

As mudanças nos elementos da estrutura industrial podem ocorrer por diversos fatores. Alguns estão relacionados à estratégia individual de uma das empresas, participante da indústria; outros dependem de ações coletivas dos concorrentes. Há, também, fatores causados por agentes externos que transacionam com a indústria, além das mudanças no ambiente, que independem das firmas, mas acabam por afetá-las.

As cinco forças estruturais que moldam a indústria são os determinantes da rentabilidade setorial de longo prazo e, portanto, ditam a evolução da indústria e das empresas. Do ponto de vista estratégico, as empresas devem se envolver na tentativa de controlar ou moldar a evolução dessas forças estruturais. Mudanças na estrutura industrial podem afetar as bases sobre as quais as estratégias são construídas e, desta forma, alterar o equilíbrio entre elas, uma vez que podem ser alteradas as bases de sustentabilidade de determinada estratégia, bem como a vantagem competitiva que é dela resultante.

As cinco forças estruturais mencionadas afetam a rentabilidade da indústria e influenciam os preços, os custos e o investimento necessário das empresas em uma indústria. Esses são os elementos que, articulados, vão determinar o retorno sobre o investimento.

4.1.1 O poder dos clientes

A extensão do poder do cliente depende de seu poder de barganha e de sua sensibilidade ao preço. O poder de negociação do cliente torna-se maior quando há concentração de compradores *versus* concentração de empresas, grandes volumes de compras, custos de mudança do comprador em relação aos custos de mudança da empresa, informação disponível ao comprador, possibilidade de integração para trás e produtos substitutos.

A sensibilidade ao preço é uma medida da importância que os preços baixos têm para o cliente e, portanto, da intensidade de suas exigências de concessões. A sensibilidade ao preço depende da relação entre este e as compras totais, das diferenças existentes entre produtos, da identidade de marca, do impacto sobre a qualidade e o desempenho, dos lucros do comprador e dos incentivos dos tomadores de decisão.

Os produtores de bens da informação enfrentam o dilema de deixar que as pessoas saibam o que estão oferecendo e cobrar delas para recuperar os seus custos. Isso decorre do fato de a informação ser um bem de experiência, ou seja, as pessoas têm que experimentar o bem para poder atribuir-lhe valor. Você decide comprar um jornal, por exemplo, pelas manchetes de sua primeira página. Este é um fator que aumenta o poder dos consumidores.

Outro fator, na indústria da TI, é o estabelecimento de padrões. As expectativas dos clientes são fundamentais no processo de definição do produto que se tornará padrão no mercado. Uma vez que uma tecnologia se torne um padrão, os clientes tornam-se fiéis a ela. Na disputa entre os videocassetes VHS e Betamax, o VHS levou a melhor, estabelecendo-se claramente como padrão da indústria. Atualmente, acompanhamos uma briga para o estabelecimento do padrão de DVD, bem como do padrão de TV digital a ser adotado no Brasil.

As empresas podem usar sistemas de informação para reduzir o poder dos clientes, criando o chamado "efeito de aprisionamento". Esse conceito é amplamente trabalhado por Shapiro e Varian[1]. Numa empresa que vende ERPs, por exemplo, a implantação é um processo demorado, que pode consumir anos e muitos recursos, pessoais e financeiros. Há toda uma necessidade de padronização nos processos empresariais e adaptação dos mesmos ao software. Depois, durante a instalação, devem ser feitos grandes investimentos no treinamento dos usuários, que adquirem familiaridade com o novo software. Um exemplo de como essa questão se torna tão impregnada em uma empresa: a Nestlé, em anúncio de emprego publicado recentemente, solicita "pessoas com conhecimento do ambiente SAP". Assim, torna-se muito difícil para uma empresa trocar de marca no futuro, pois isso implicaria um custo de troca muito elevado. Entre as fontes básicas de custos de troca podem-se citar: compromissos contratuais, treinamento em marca específica, conversão de informação armazenada em banco de dados para outros padrões, investimentos duráveis em ativos complementares, etc.

4.1.2 Rivalidade entre os concorrentes

A rivalidade entre os concorrentes assume, usualmente, a forma de manobras pelo posicionamento. A rivalidade direta entre os concorrentes está relacionada com vários fatores, tais como o crescimento da indústria, a relação entre custos fixos (ou de armazenamento) e valor adicionado, o excesso crônico de capacidade, a diferença de produtos, a identidade de marca, os custos de mudança, a concentração e o equilíbrio, a complexidade informacional, a diversidade de concorrentes, os interesses empresariais e a existência de barreiras de saída.

Com a utilização mais intensiva de sistemas de informação em seus processos produtivos, as empresas têm reduzido o seu *time-to-market* e introduzido novos produtos a um ritmo acelerado. Também têm conseguido operações produtivas enxutas, com custos menores, o que lhes dá liberdade para praticar políticas de preço mais agressivas.

O uso de sistemas de CRM permite campanhas de marketing mais arrojadas e bem direcionadas, com taxas de retorno muito superiores às das campanhas tradicionais. Uma mala-direta comum tem um retorno médio de 2%, segundo vários estudos, enquanto que as malas-diretas personalizadas, geradas por aplicativos de CRM, têm tido resultados até dez vezes superiores em termos de retorno. Os sistemas de CRM também têm um potencial grande para gerar mais lealdade por parte dos clientes, fidelizando-os.

4.1.3 Entrantes em potencial

Os entrantes em um setor trazem novas capacidades, o desejo de ganhar participação no mercado e, em geral, recursos substanciais. A ameaça de entrada, por sua vez, está diretamente relacionada à existência de barreiras à entrada. São exemplos as economias de escala, as diferenças de produtos patenteados, a identidade de marca, os custos de mudança, as exigências de capital, o acesso à distribuição, as vantagens de custo absoluto (curva de aprendizagem, acesso a insumos necessários, projeto de produtos de baixo custo), a política governamental e a retaliação esperada.

A indústria de TI já apresenta algumas barreiras de entrada bastante pronunciadas. As economias de escala na produção, pesquisa, marketing e serviços talvez sejam as principais barreiras de entrada no setor de computadores de grande porte. A regulamentação do governo também tem exercido um papel substancial, como nos casos da indústria de telecomunicações nos países emergentes. Apesar disso, a ameaça de entrada é uma constante, como, por exemplo, no setor da Internet, em que firmas surgem do nada e passam a valer bilhões.

Por sua vez, o alto custo em sistemas corporativos, como ERPs e CRMs, funciona como uma barreira à entrada. Quanto maior for o banco de dados da empresa e quanto mais tempo for utilizado, maior será a intimidade do relacionamento da empresa com seus clientes, o que gera fidelização, outro fator que inibe a entrada de concorrentes potenciais.

4.1.4 Poder dos fornecedores

O poder dos fornecedores é determinado por sua capacidade de resistir ao poder de barganha de seus clientes e aumentar sua fatia no valor criado. Ele depende da diferenciação de insumos, dos custos de mudança dos fornecedores e das empresas na indústria, do impacto dos insumos sobre custo ou diferenciação, da presença de insumos substitutos, da concentração de fornecedores, da importância do volume para o fornecedor, do custo relativo a compras totais na indústria, da ameaça de integração para frente em relação à ameaça de integração para trás pelas empresas na indústria.

As opções da empresa em relação aos fornecedores ou aos grupos de compradores devem ser encaradas como decisões estratégicas vitais. Descobrindo fornecedores ou compradores que disponham do menor poder de afetá-las negativamente, as empresas tornam-se capazes de melhorar sua posição estratégica.

A utilização intensiva de sistemas de informação, sobretudo em processos de gestão da cadeia de suprimentos (SCM), conforme discutido no Capítulo 2, tem levado a um novo modelo de relacionamento estratégico com fornecedores. Cada vez mais, mediante o compartilhamento de informações e processos, os fornecedores recebem mais poder, porém são levados a utilizá-lo em proveito próprio, em vez de contra as empresas.

Tomemos o exemplo da unidade da Motorola, localizada em Jaguariúna, no interior de São Paulo. Ela usa sistemas para planejamento da produção e integração com fornecedores há cerca de dez anos. Hoje, esses sistemas funcionam via Internet em todas as 50 fábricas da empresa no mundo. No Brasil, 500 fornecedores, locais e internacionais, mantêm nos estoques da fábrica cerca de 3.000 itens usados na fabricação de celulares, pagers, rádios de comunicação e outros equipamentos. Os fornecedores sabem a quantidade de cada item que devem manter estocados ao longo de um período de 52 semanas. Os números são atualizados semanalmente, o que permite acompanhar as oscilações do mercado com precisão.

Alimentados pelas informações que vêm do mercado (como as previsões de demanda feitas pela Motorola), esses softwares ajudam a planejar a produção e controlar o fluxo de materiais ou, na expressão que faz brilhar os olhos de qualquer executivo, cortar custos.

4.1.5 Produtos Substitutos

A existência de produtos aceitáveis e disponíveis que desempenhem as mesmas funções ou ofereçam os mesmos benefícios (produtos substitutos) limita os preços médios que podem ser cobrados e, portanto, a quantidade de valor que pode ser criada. Quanto mais atrativa for a opção preço-desempenho oferecida pelos produtos substitutos, mais rígidos serão os limites impostos ao potencial de lucro do setor. São determinantes da ameaça de substituição o desempenho do preço relativo dos substitutos, os custos de mudança e a propensão do comprador a consumir.

Cada vez mais, com o ritmo da mudança tecnológica, as empresas precisam estar atentas aos produtos substitutos, lembrando que, muitas vezes, as principais ameaças podem vir de outros setores ou indústrias. Na verdade, as empresas que pretendem manter vantagens competitivas sustentáveis estão entrando em batalhas contra si mesmas, em um processo de "destruição criativa", como chamado pelo economista Schumpeter.

Vejamos o exemplo da Kodak. Em uma *joint venture* com a HP, investiu bilhões de dólares no desenvolvimento de um laboratório digital de fotos que utilizará tecnologia de "jato de tinta" na impressão das fotos. Seu objetivo foi criar uma liderança incontestável no ainda emergente mercado de fotografia digital. Trata-se de um mercado ainda muito pequeno, sobretudo se comparado ao de fotografia tradicional. Porém está crescendo rapidamente. Eventualmente, se o mercado de fotografia digital avançar muito, poderá competir e até destruir o mercado tradicional de fotografia, inclusive esse setor dentro da própria Kodak.

4.2 Usando a tecnologia para implementar estratégias competitivas

Após avaliar as causas subjacentes das forças que influenciam a competição no setor e os movimentos evolutivos da indústria, o estrategista empresarial tem condições de identificar os pontos fortes e fracos da empresa. Do ponto de vista estratégico, deve-se cotejá-los com as forças estruturais e suas causas subjacentes. Com base nesta percepção, formulam-se planos de ação que abrangem:

- o posicionamento da empresa, baseado em suas capacidades, de modo a propiciar a melhor defesa contra as forças competitivas;
- a tentativa de influenciar o equilíbrio das forças estruturais, por meio de manobras estratégicas que melhorem a posição da empresa;
- a antecipação de alterações nos fatores subjacentes às forças e da reação da empresa a essas mudanças, com a perspectiva de explorá-las favoravelmente.

Ainda segundo Michael Porter, há duas estratégias genéricas possíveis de serem adotadas pelas empresas diante da configuração de uma determinada indústria: liderança de custos ou diferenciação[2].

4.2.1 Usando sistemas de informação para reduzir os custos

A General Motors instalou em Gravataí um complexo industrial automotivo[3], no qual vem rompendo com muitas das premissas do tradicional modelo de linha de montagem e produção em série, inaugurado por Henry Ford nos Estados Unidos. O projeto original surgiu da idéia de se ter uma fábrica concebida em função do sistema de distribuição do carro, ou seja, a linha de produção e o sistema de vendas, baseado na Internet, deveriam estar totalmente interligados.

Tendo em vista os equipamentos instalados e o nível de robotização – 120 robôs controlados por computadores – em Gravataí, um único carro é montado em cerca de 17 horas, contra 22 horas gastas nas fábricas tradicionais. Na ponta da linha saem 30 carros por hora, quase o marco de Zaragoza, uma das fábricas mais produtivas da GM na Espanha, que gira entre 45 e 60 carros por hora. Uma única prensa que trabalha em Gravataí é capaz de dar 750 batidas por hora (só existe outra igual no mundo numa fábrica da Toyota), enquanto que as das montadoras tradicionais dão 450 pancadas no mesmo intervalo.

No complexo industrial em Gravataí, a GM e 17 fornecedores compartilham o mesmo terreno, usam os mesmos planos de saúde e benefícios, dividem os custos da produção, as contas de luz e de água, e impostos municipais. A GM conseguiu estabelecer um regime especial na Receita Federal e, assim, colocar em operação a nota fiscal eletrônica. Em vez de emitir um papel a cada movimentação de produtos, o registro é feito on-line, na rede de computadores que une a GM aos fornecedores. Com esse regime fiscal especial, concedido pela Receita, todo o movimento pode ser somado no fim do dia, quando é emitida apenas uma nota.

Cada fornecedor conectado via Internet à GM recebe, em tempo real, os pedidos da linha de montagem e é responsável pela entrega de peças no intervalo mínimo de 15 minutos (dependendo do sistema, esse intervalo pode atingir, no máximo, 1 hora e meia). Para isso, tudo foi detalhadamente discutido em conjunto, e concebido de forma a garantir uma ágil logística de manuseio, baixo custo da produção e alta produtividade.

Todas as empresas sabem exatamente como está o ritmo de vendas das outras. Todos os fornecedores recebem diariamente um pedido de manufatura, assim como uma previsão semestral de vendas. Todos mantêm estoques reduzidos e nenhum faz um produto igual ao outro.

Já na fábrica da Dell, não existe o conceito de capacidade produtiva, porque cada máquina só é montada depois de concluído o pedido e o pagamento[4]. Tal modelo foi batizado como *order-to-build* (do pedido para a fabricação). A linha de montagem só entra em movimento a partir do pedido do cliente, o que permitiu à Dell, de 1996 para cá, reduzir os estoques de componentes de 31 para apenas seis dias, e fazer entregas num prazo de sete dias.

O espaço para armazenagem das peças de reposição ocupa 30,48 metros quadrados de uma fábrica que produz mais de 20 mil unidades por dia. Cada vez que um cliente faz um pedido, é gerada uma lista de itens impressos em código de barras numa etiqueta, que acompanha o produto durante toda a linha de produção, e funciona como receita para montar a máquina. Esta percorre uma esteira que passa pela inclusão dos componentes até chegar ao teste, quando funcionários verificam se o computador saiu exatamente como o cliente pediu. Os sistemas básicos da empresa cortam custos administrativos, reduzem os custos de estoques excessivos ou aceleram a produção.

O Wal-Mart é outro exemplo de empresa que utiliza intensamente sistemas de informação para redução de custos. Seu sistema de reabastecimento de estoque da empresa já se tornou lendário. Acionado pelo ponto-de-venda, o sistema de "reabastecimento contínuo" manda pedidos de novas mercadorias diretamente aos fornecedores logo que os clientes pagam as compras no caixa. Quando um cliente paga por um pacote de fraldas na loja de Bauru, essa informação trafega instantaneamente pelo sistema e gera uma ordem de reposição. Com a utilização desse tipo de sistema, os custos fixos do Wal-Mart ficam em 15%, ao passo que o de seus concorrentes mais diretos, como a Sears, oscila entre os 30%[5].

Com tudo isso, no início dos anos 1990, o Wal-Mart era 50% mais produtivo do que os seus competidores. Mesmo com a reação da concorrência, em 1999 era 41% mais produtivo que a média do mercado americano. Com isso, é considerado o melhor exemplo, em nível mundial, da utilização da tecnologia para controlar a lucratividade de cada item, acelerar a rotação do estoque, multiplicar o número de giros de um produto conforme a margem de lucro e eliminar mercadorias que não têm saída.

Em 1999, a Electrolux passou a centralizar as compras indiretas de seis de suas fábricas e dois de seus escritórios de vendas, em um portal chamado Smartbuy. Os pedidos passaram a ser centralizados e depois enviados pela Internet aos fornecedores. Com isso, a Electrolux passou a receber as mercadorias em um quinto do tempo anterior (de 15 dias para três dias). Os custos do processo de compras caíram pela metade.

A companhia aérea Gol terceirizou seus sistemas de armazenamento e processamento de dados. Considerando a economia de gestão de mão-de-obra qualificada, bem como o nível de confiabilidade necessário para um sistema que deveria funcionar 24 horas por dia, sete dias por semana, a Gol transferiu essa responsabilidade para a Dedalus.com, que passou a cuidar do processamento dos dados, do roteamento dos links e do suporte técnico.

Desses exemplos, podemos depreender algumas lições. Empresas que buscam liderança de custos podem usar sistemas de informações gerenciais eficientes no controle de custos. As tecnologias de fabricação devem ser de fácil utilização e associadas à constante busca de redução dos custos associados aos processos produtivos. A gestão da cadeia de suprimentos deve envolver sistemas e procedimentos orientados para encontrar matérias-primas de menor custo, mas de qualidade aceitável. Na logística de recebimento destas, os sistemas devem ser altamente eficientes para sincronizar produtos do fornecedor com os processos de produção da empresa. Sistemas centralizados de compras reduzem os custos com aquisição de suprimentos.

4.2.2 Usando sistemas de informação para diferenciar

A capacidade de diferenciar-se de maneira sustentável das outras empresas é uma vantagem competitiva essencial, pois a diferenciação busca oferecer aos compradores um bem único e de maior valor agregado. Diferenciar é criar características ou atributos detidos por um produto ou marca que lhe conferem uma certa superioridade sobre seus concorrentes diretos. Os métodos para diferenciação podem assumir muitas formas: projeto ou imagem da marca, tecnologia, peculiaridades, serviços sob encomenda, rede de fornecedores, além de outras dimensões.

O Previlab, laboratório de exames clínicos em Piracicaba (SP), está usando a Internet para dar aos seus clientes acesso aos resultados de seus exames pela rede, sem precisar retornar ao laboratório. O BankBoston está disponibilizando para seus clientes um dispositivo leitor de digitais para realização de suas transações de Internet banking. O objetivo, além de prover mais segurança, é permitir que o banco saiba exatamente quem está acessando o serviço em um dado momento, podendo fazer ofertas instantâneas e personalizadas. Na versão anterior, que solicitava apenas o login tradicional, o Banco não tinha condições de saber se era o titular, o cônjuge ou o filho, por exemplo, que estava acessando o serviço.

Os executivos do McDonald's pensavam em novas maneiras de atrair clientes para seus 570 restaurantes no Brasil, quando surgiu a idéia de colocar computadores ligados à Internet nas lojas. Terminada a fase de testes, começou a instalação de lotes de quatro a oito computadores em 15 lojas do Rio de Janeiro e São Paulo. Em uma delas, o número de clientes que se conectaram à rede chegou a ser de mil por dia.

O Correios (ECT) criou, em outubro, o e-SEDEX para entregar produtos comprados em sites de comércio eletrônico. Cada produto pode ser rastreado pelo site da empresa ou pelo telefone celular, via *wap*.

A Klabin, empresa produtora de papel, passou a disponibilizar aos seus clientes a possibilidade de fazer seus pedidos e acompanhar o andamento dos mesmos por telefone celular. Esse sistema reduziu de dois dias para alguns minutos o tempo entre o pedido e a ordem de produção.

A rede de cafés Fran's Café, em sua loja na Haddock Lobo, em São Paulo, oferece aos clientes um ambiente de rede sem fio, para que possam entrar com seus *notebooks* e acessar a Internet sem a complicação de cabos e conectores.

No Nakombi[6], um dos mais badalados restaurantes de comida japonesa de São Paulo, o garçom anda com um equipamento PDA e uma miniimpressora na cintura. Todos os pedidos dos clientes são feitos através de um *Pocket PC* (PC de bolso). Quando uma conta é encerrada, o garçom dá um comando, que, via rede sem fio, comunica-se com o servidor instalado no caixa, que devolve um sinal para a miniimpressora, que imprime a conta. Tudo isso em 20 segundos. Caso o cliente queira fazer o pagamento com cartão de crédito, o garçom passa o cartão no mesmo equipamento que funciona, também, como miniimpressora e, novamente através da rede sem fio, o sistema comunica-se com o servidor do restaurante, responsável pela transmissão e autorização.

Em 2002, o Brasil foi assombrado pela história de D. Wilma, uma mulher que seqüestrou dois bebês, há mais de 16 anos, passando a criá-los como filhos. Na maternidade do Hospital Albert Einstein, em São Paulo, isso se tornou praticamente impossível, com o uso da tecnologia. No hospital, o acesso à maternidade e ao berçário, permanentemente vigiados por um circuito interno de TV, é feito por cartão eletrônico. E toda a circulação dos bebês é monitorada por *Palm Tops*, computadores de mão que fazem a leitura da pulserinha de identificação da criança por um código de barras, igual ao que está no braço da mãe e na porta de seu quarto. Para os parentes distantes, há a opção de conferir o novo nenê pela Internet, uma vez que o berçário conta com *Web Cams* filmando cada criança.

A partir desses exemplos, podemos verificar que os sistemas de informação das empresas que buscam diferenciação devem ser altamente desenvolvidos para um maior e completo entendimento das preferências de compra do cliente. São empresas que investem em tecnologias que permitam a fabricação de produtos altamente diferenciados, bem como em alta capacidade de pesquisa básica. A ênfase, no recebimento das matérias-primas, é na minimização de danos e a melhoria da qualidade do produto final. Os sistemas produtivos devem dar respostas rápidas às especificações de fabricação específicas de cada cliente. Os procedimentos de processamento de pedidos precisam permitir maior exatidão e rapidez de resposta, bem como os produtos entregues rápida e oportunamente aos clientes.

4.2.3 Sistemas de gestão do conhecimento

Um Gol 1000 custa R$ 17,50 por quilo. Um quilo de Viagra custa R$ 1.600.000[7]. Essa afirmativa, aparentemente esdrúxula, revela uma grande verdade de nossos tempos: o conhecimento É UM TESOURO. Embora a fabricação de carros em larga escala requeira grandes investimentos, o processo de produção de automóveis já é amplamente conhecido e, com algum esforço e criatividade, consegue-se fazer um carro em um *fundo de quintal*. Já um medicamento como o Viagra exigiu bilhões de dólares em Pesquisa e Desenvolvimento – P&D – e sua fórmula, protegida por patente, tornou-se um dos grandes ativos intangíveis do laboratório Pfizer.

Estamos assistindo à configuração da sociedade do conhecimento, na qual os ativos intangíveis, relacionados àquilo que as empresas **sabem**, tornam-se mais importantes e vitais do que os ativos físicos.

Na era da informação, a maior e mais duradoura vantagem competitiva vem do conhecimento. A vantagem da empresa repousa no domínio da informação em tempo real e na confiança dos relacionamentos. Segundo Wenger et all[8], a sociedade informacional coloca diante das empresas um novo desafio, advindo da globalização e da rapidez das transformações no ambiente institucional. O que uma pessoa sabe na Turquia pode alavancar ou acabar com um negócio em Londres. O que uma equipe do concorrente está aprendendo na América do Sul pode minar o projeto de uma empresa em Nova Iorque. O principal fator de êxito nos mercados globais reside em comunidades que compartilhem o conhecimento.

As empresas estão buscando formas de adaptação a essa nova realidade, seja em termos de flexibilidade de produtos e serviços, seja em termos de flexibilidade de processos. Não é mais a empresa grande que engole a pequena, mas a empresa mais rápida que engole a mais lenta. Para ser bem-sucedidas, as empresas precisam ser horizontalizadas, informais e ágeis, porque as pressões de preço não deixam espaço para a produção ineficiente, e o ciclo de desenvolvimento de produtos e sua introdução no mercado dura cada vez menos tempo. O paradigma da grande empresa, verticalizada e integrada, deixou de ser referência como modelo organizacional, com as grandes passando a buscar ter *alma* de pequena.

Por isso, os chamados Sistemas de Gestão do Conhecimento (KMS) estão em alta. Sua proposta básica é ordenar e potencializar o uso das informações disponíveis nas empresa para melhorar as rotinas de trabalho. Com a ajuda dos usuários, os KMS permitem a identificação, classificação e disseminação do patrimônio intelectual das empresas, geradas a partir do conjunto de tarefas executadas em uma corporação.

Uma vez disseminado o conhecimento, qualquer funcionário da empresa pode encontrar soluções para problemas que já foram resolvidos por outras pessoas ou equipes de trabalho. Com isso, os índices de produtividade crescem. Além disso, as empresas estão disseminando a mentalidade de compartilhamento de informações e trabalho em equipe.

Um dos resultados constatados por empresas que adotam esse tipo de ferramenta é a redução do tempo para levar um produto ao mercado (*time-to-market*). Outro é a diminuição na rotatividade dos empregados, uma vez que há um clima maior de motivação, em parte causado pela remuneração extra oferecida para aqueles funcionários que apresentam boas contribuições para o sistema.

A gestão do conhecimento "pode ser considerada o esforço para melhorar o desempenho humano e organizacional por meio da facilitação de conexões significativas"[9]. Basicamente, um sistema dessa natureza agrega uma excelente ferramenta de busca, um sistema de gestão de conteúdo e documentos e um sistema de colaboração e *workflow*.

A solução de busca vai determinar a facilidade com que os usuários serão capazes de encontrar a informação que estão buscando. Precisam ser, portanto, intuitivas e adaptáveis. Os sistemas de gestão de conteúdo e documentos permitem a integração fácil e dinâmica de informações (conhecimento codificado) em um ambiente hipertextualizado e dinâmico. É como se os antigos manuais fossem levados para a Internet, porém com links entre suas informações e com a possibilidade de serem continuamente atualizados pelos próprios funcionários, a partir de suas vivências. Os sistemas de colaboração e *workflow*, baseados na Internet, reduzem drasticamente os custos de coordenação e transação, permitindo que funcionários da empresa localizados em diferentes partes do mundo trabalhem em conjunto, em tempo real e on-line.

Vida Real
Compartilhar para viver

A Buckman Laboratories é uma empresa do ramo químico, que iniciou suas atividades em 1945, com quatro funcionários, em uma pequena casa em Memphis, Tennessee. Atualmente, está presente em 70 países, inclusive no Brasil, onde tem uma sede na cidade de Campinas (SP). Produz mais de 500 produtos diferentes e emprega mais de 1.300 pessoas em todo o mundo.

A empresa foi originalmente fundada em uma capacidade única para criar e produzir soluções inovadoras para o controle do crescimento de microorganismos.

Assume como valores fundamentais o aumento da produtividade, o crescimento de sua lucratividade, o atendimento às necessidades dos clientes, a consonância com as normas e regulamentos ambientais e a superação das expectativas de qualidade.

Outra das crenças professadas pela empresa é a de ouvir e antecipar as necessidades dos clientes e, então, atendê-las com soluções inovadoras e únicas, que aumentem, por sua vez, os resultados dos próprios clientes.

Para continuar a atender seus clientes com soluções inovadoras, bem como continuamente perseguir a melhoria operacional e a redução dos custos, a Buckman utiliza intensivamente seu Sistema de Gestão do Conhecimento (KMS). Para a Buckman, "a comunicação é natureza humana; o compartilhamento do conhecimento é nutrição humana"[10].

O KMS da Buckman disponibiliza uma biblioteca virtual, onde os funcionários podem acessar livros, artigos, reportagens, revistas e outros materiais. Inclui uma área de capacitação dos funcionários sobre o próprio conceito de gestão do conhecimento. Oferece um avançado sistema de comunicação, em que qualquer funcionário pode postar uma nova solução para algum problema encontrado. Um funcionário brasileiro, por exemplo, pode encontrar em uma experiência de um colega na Austrália a solução para um problema que está enfrentando no Brasil com determinado microorganismo. Tudo isso em tempo real e on-line.

Com tudo isso, embora não figure entre as maiores empresas do setor, a Buckman tem se revelado altamente competitiva.

Elaborado pelos autores com base em informações disponíveis no site da empresa (www.buckman.com.br), em materiais publicitários da mesma e por meio de entrevistas com executivos.

4.3 Ferramentas Gerenciais para Fortalecer os Negócios

Além de suas estratégias mais gerais, as empresas utilizam ferramentas gerenciais[11], que são táticas de implementação utilizadas no dia-a-dia, nos embates com seus competidores, no reforço de seu relacionamento com os clientes, fornecedores e funcionários. Entre essas ferramentas, incluem-se operações *just-in-time*, compartilhamento de informação, operações em qualquer lugar e a qualquer hora – *timeless and locationless* –, desenvolvimento de negócios multinacionais, trabalho em equipes e a criação de uma cultura de aprendizagem na organização.

Nós oferecemos, aqui, alguns exemplos de utilização dessas ferramentas gerenciais, elencando as tecnologias de informação que os negócios usam para pôr em execução essas táticas[12]. Antes de examinarmos essas táticas, contudo, vamos relembrar o modelo de Porter sobre a configuração industrial e suas estratégias derivadas.

As cinco forças estruturais de Porter:

- Clientes;
- Fornecedores;
- Competidores Existentes;
- Competidores Novos;
- Ameaça dos Substitutos.

Figura 4.1
O modelo de Porter: as cinco forças estruturais

Porter sugere que, diante da configuração de uma determinada indústria, que por sua vez é um resultado da interação das mencionadas cinco forças estruturais, uma empresa deve adotar uma das duas estratégias seguintes: liderança em custos ou diferenciação.

As Estratégias Competitivas de Porter:

- Custo Baixo;
- Diferenciação.

Figura 4.2
As estratégias competitivas

Após escolher uma das duas estratégias, a empresa pode adotar uma ou mais das seguintes táticas para implementar suas estratégias.

Ferramentas Gerenciais:

- Expandir o escopo e a qualidade dos serviços ao cliente;
- Adotar práticas *just-in-time*;
- Criar Sócios da Informação;
- Superar as limitações do tempo e da distância;
- Promover o trabalho em grupos e gestão do conhecimento.

Figura 4.3
Ferramentas Gerenciais

4.3.1 Expandindo o Escopo e a Qualidade dos Serviços ao Cliente

Em maio de 2002, a revista InfoExame colocou a empresa de cosméticos e produtos de cuidado com a saúde, Natura, entre as 15 maiores empresas brasileiras no ramo do comércio eletrônico no Brasil[13]. O que a Natura fez para merecer essa distinção? Vale a pena olhar para a forma como está utilizando a tecnologia de informação para expandir a variedade e a qualidade de seus serviços aos clientes.

Quando você visita o site da Natura (www.natura.net), começa a compreender o papel estratégico desempenhado pelo comércio eletrônico e pela tecnologia de informação para aquela empresa. Naturalmente, a empresa usa seu site como um canal de vendas de sua extensa linha de produtos (além das vendas feitas pelas consultoras pessoais). Mas percebeu que poderia usar a tecnologia de informação para reforçar seu negócio em dois aspectos: alcançar mais clientes (escopo) e fornecer uma variedade mais ampla de serviços. Por exemplo, quando você clica no link para "serviços", será apresentado a um conjunto dos serviços de informação fornecidos pela Natura. Esses serviços incluem: consultas com uma consultora virtual; descobrir qual é a consultora mais próxima de sua casa; pesquisar recomendações de presentes; comprar e enviar presentes aos amigos; enviar cartões virtuais de cumprimentos aos amigos e familiares; conversar com outros clientes em grupos de discussão; criar uma lista pessoal de "itens que desejo"; assinar boletins de notícias. A Natura oferece esses serviços como um complemento da sua atividade central, que é vender produtos de beleza e saúde.

Similarmente, o link para "atendimento" permite que os clientes pesquisem sobre dúvidas mais freqüentes, falem com um representante de serviços ao cliente, ou conversem via chat com um atendente. O link "Universo Natura" leva os visitantes a páginas com informações corporativas, incluindo discussões sobre a participação da empresa em projetos sociais e sua posição quanto à biodiversidade. Ao fornecer essas informações e dar aos visitantes a oportunidade de interagir com a empresa e com outros clientes, a Natura espera alcançar um número ainda maior de clientes potenciais, buscando proporcionar uma experiência mais profunda de qualidade e relacionamento com a empresa.

Quando os usuários se registram no seu site, a empresa usa a informação fornecida no perfil do cliente para personalizar as informações e fazer anúncios customizados, isto é, direcionados especificamente a cada cliente, por meio do próprio site na Internet ou por boletins de notícias. Conforme discutido no Capítulo 1, a customização em massa da informação e dos serviços é uma técnica poderosa para tratar dos clientes. Ela somente se torna possível com a utilização de avançados softwares e grandes bancos de dados.

Concluindo, queremos deixar uma última sugestão nesta área: qualquer que seja o produto que se venda, pode-se pensar em formas de expandir as atividades para incluir os serviços relacionados ao produto. Se sua atividade central é oferecer serviços, considere adicionar produtos complementares à sua carteira de serviços. Existem múltiplas possibilidades para uso criativo e inovador das tecnologias de informação para apoiar essa expansão de seus serviços e produtos.

4.3.2 Adotando Práticas *Just-in-Time* (JIT)

Para a Motorola[14], uma questão crucial diz respeito à sua capacidade de previsão de vendas, sobretudo em períodos sazonais, como o Natal. As previsões de vendas vão definir a quantidade e os modelos produzidos, gerando, automaticamente, ordens de compra de peças e componentes, de parafusos a microchips. Essas ordens são encaminhadas para os fornecedores pela Internet, dando ao processo a velocidade necessária.

Para conseguir isso, a Motorola usa sistemas para planejamento da produção e integração com fornecedores há cerca de dez anos. Hoje, estes funcionam via Internet em todas as 50 fábricas da empresa no mundo. Isso implica, no caso da filial brasileira, a gestão do relacionamento com 500 fornecedores, locais e internacionais, que mantêm nos estoques da fábrica em Jaguariúna, interior de São Paulo, cerca de 3.000 itens, empregados na fabricação de celulares, pagers, rádios de comunicação e outros equipamentos. Cada fornecedor sabe a quantidade de cada item que deve manter estocado ao longo de um período de 52 semanas. Os números são atualizados semanalmente, o que permite acompanhar as oscilações do mercado com precisão. Com isso, os estoques são mantidos em um nível mínimo.

Sistemas como os da Motorola são símbolos da importância da troca de informações entre os negócios. Alimentados pelas informações que vêm do mercado (como as previsões de demanda feitas pela Motorola), esses softwares ajudam a planejar a produção e controlar o fluxo de materiais, reduzindo os custos operacionais.

4.3.3 Criando "Sócios Informacionais"

Extremos, Lagoa Danta, Natal e Ponta Negra: o que essas cidades têm em comum? Todas estão no Rio Grande do Norte. Como você imagina que essas cidades, e as empresas de turismo nelas localizadas, fazem para promover a atividade turística em suas regiões? Cada uma poderia competir com a outra e buscar promover suas próprias organizações e interesses. Quando a competição for saudável para toda a indústria (lembre-se de que a competição é um dos fatores que modelam os negócios, conforme discutimos no Capítulo 1), as organizações decidem cooperar e compartilhar a informação. Por quê? O objetivo é fazer com que todos os "sócios informacionais" se fortaleçam ao compartilhar a informação e torná-la disponível para os clientes – neste caso, turistas.

A Secretaria de Estado do Turismo do Rio Grande do Norte (Setur-RN) incentiva negócios na indústria de turismo, assim como aqueles que fornecem serviços de apoio, a compartilhar informações por intermédio do seu site (www.setur.rn.gov.br). A parceria entre governo e empresas privadas beneficia a atividade turística em todo o Rio Grande do Norte.

> **Sócios Informacionais**
>
> São organizações que têm uma finalidade ou objetivos comuns, ou que participam de indústrias complementares, que compartilham ativamente informações e recursos de dados. O objetivo dessas sociedades de informação é fortalecer e melhorar o desempenho de todos os sócios.

Os visitantes do site podem navegar entre informações de muitas áreas: agências de viagens, atrativos históricos, bancos, lojas de comidas típicas, hospedagem, passeios ecológicos e locais de vendas de artesanato. A partir dessa sociedade de informações entre governo e empresas privadas, os turistas que querem visitar o Rio Grande do Norte têm oportunidade de aprender mais sobre a região e o que esta tem a oferecer. Além de beneficiar diretamente os turistas, o site também serve de alerta para os empresários, que podem aprender sobre serviços adicionais e outras formas de atrair clientes, passando a implementá-las em seus próprios negócios. O resultado é uma experiência melhor para todos os que visitam o estado.

O Mercado Eletrônico (ME) é um outro exemplo de sociedade de informações. A empresa serve como um ponto de encontro digital, onde empresas compram e vendem seus produtos e serviços (www.me.com.br). Os membros do *e-marketplace* (mercado eletrônico) podem acessar uma maior variedade de informações e serviços. Por meio de parcerias com muitos tipos de empresas, o ME montou um grande conjunto de informações sobre oportunidades de negócio e fornece serviços para apoiar as transações feitas pelo site.

Suponha que sua empresa precisasse obter informações sobre a situação de crédito de um cliente em perspectiva. A ME fornece o acesso a tal informação através das bases de dados da Serasa, uma das maiores e mais antigas fontes de informações pessoais e empresariais do Brasil. Empresas podem investigar e checar se seus potenciais clientes estiveram envolvidos em concordatas e falências, protestos, cheques sem fundo, insucessos empresariais e outras[15].

Um outro serviço disponibilizado pelo ME é a compra em grupo (*comprajunto*). Por esse caminho, as empresas de pequeno porte podem obter os benefícios normalmente oferecidos apenas às grandes, que compram em grandes quantidades. Aliando-se a outras empresas e combinando ordens de compra, todas podem receber as mesmas vantagens e benefícios.

Outros tipos de informação são compartilhados por vendedores e compradores nas seções de leilões reversos e bolsa de vendas do site do ME. Uma das vantagens de se fazer negócios através de um mercado eletrônico é a oportunidade de transacionar com empresas com as quais você não teria contato de outra maneira. O ME também promove um espaço para RFQs (pedido para cotações ou *requests for quotes*). O comprador especifica os critérios para o produto ou o serviço que deseja comprar, e os vendedores potenciais respondem com um perfil de seus produtos e serviços e cotações de preço. Com base nas propostas recebidas, o comprador pode escolher de quem deseja comprar.

O objetivo principal de realizar sociedades de informação é fazer com que a informação relevante esteja disponível a quem dela precisa. A disponibilidade de informações incentiva as empresas a inovar. Isto resulta em um mercado saudável, no qual as empresas prosperem e forneçam os melhores serviços e produtos aos clientes.

4.3.4 Superando as Limitações de Tempo e Distância

Imagine que você queira participar de um programa de desenvolvimento profissional na área de gerência, ou gostaria de atualizar suas habilidades em uma área específica. Porém, tendo em vista sua carga atual de trabalho, bem como a distância da universidade mais próxima, não tem como freqüentar um curso de especialização, por exemplo. O que você faz?

Desde que atenda aos requisitos mínimos, pode fazer um curso de especialização a distância. A Fundação Getúlio Vargas – FGV, por meio da divisão "FGV Online", oferece uma variedade de cursos on-line. Estes incluem, por exemplo, Gestão de Recursos Humanos, Contabilidade Financeira, Estratégia de Empresas, Tecnologia da Informação e Marketing de Serviços[16]. Várias outras universidades e instituições de ensino também oferecem programas de educação a distância.

Educação a distância, às vezes chamada *e-learning* (*electronic learning*) é uma técnica usada por instituições de ensino em geral, além de organizações empresariais, para permitir que as pessoas aprendam de forma independente de horários ou localidades. Em um ambiente em que as pessoas estão trabalhando cada vez mais, e talvez distantes de suas casas e famílias, tornar o ensino disponível através da tecnologia é uma solução conveniente, permitindo que as pessoas estudem segundo seu próprio ritmo e no local que desejarem. O Unibanco adotou o *e-learning* para o treinamento e o desenvolvimento profissional, em parceria com a Universidade de São Paulo (USP). O Banco confia em apresentações on-line e em classes virtuais por videoconferência para o desenvolvimento das carreiras de seus funcionários[17]. Uma das fábricas da Procter & Gamble´s no Brasil, em Louveira, tem um programa de treinamento totalmente baseado na Web[18].

Um outro exemplo do uso de sistemas da informação para construir pontes "espaciais" e "temporais" vem da Caterpillar. Desde 1993, como parte de seu processo do planejamento estratégico, a empresa, líder na indústria de equipamento pesado, consolidou todas as suas operações administrativas e industriais em Piracicaba, São Paulo. A Caterpillar Brasil produz mais de 20 modelos de máquinas, vendidas em mais de 100 países. A empresa também oferece a seus clientes toda a linha de produtos fabricados ao redor do mundo[19].

O Centro de Distribuição das Peças em Piracicaba mantém um inventário com mais de 60.000 peças e possibilita a entrega rápida destas aos negociantes da Caterpillar no Brasil. O Centro precisa se comunicar com outros 24 em torno do mundo. Também precisa manter canais de comunicação com todos os negociantes brasileiros e através do globo. Mas como lidar com as diferenças geográficas e de tempo entre os Centros da Caterpillar e a rede internacional dos negociantes? A empresa fez investimentos significativos em sistemas de informações que ligam sua filial no Brasil e todas as outras por meio de uma rede da transmissão de dados[20].

4.3.5 Promovendo o Trabalho em Grupos e a Gestão do Conhecimento

Baseado em Uberlândia, Minas Gerais, o maior atacadista da América Latina, o Martins Comércio e Serviços de Distribuição, ou Martins, distribui produtos para cerca 200 mil varejistas em todas as cidades brasileiras, com frota própria de mais de 2.500 caminhões. A empresa acredita fortemente no trabalho em grupos e no compartilhamento de conhecimento através de sua rede dos empregados e clientes, os varejistas. A Martins usa sistemas de informação para oferecer treinamento e permitir o compartilhamento das melhores práticas entre todos os seus *stakeholders*, desde os representantes comerciais (os vendedores) aos clientes (redes de supermercados em todo o país). Permitindo que seus funcionários e, sobretudo, seus clientes, compartilhassem de suas colônias de conhecimento, a empresa viu a rotatividade dos vendedores cair em 31% e as vendas aos clientes aumentarem 25% em um ano[21].

O Martins trata todos os integrantes de sua cadeia de suprimentos como a parte de uma equipe, incentivando a colaboração e o compartilhamento de informação como uma técnica para melhorar seu negócio e o de todos os seus participantes da cadeia. Tal informação está disponível com uma tecnologia que a empresa chama FORM@R. Por exemplo: varejistas podem obter informações sobre as melhores práticas de negócio a partir de uma coletânea de experiência de vários outros clientes do Martins. Podem aprender sobre as melhores formas de dispor os produtos nas lojas, como apresentar e organizar as propagandas e como adicionar valor para cada seção de suas lojas[22]. Do mesmo modo, a Intranet e a informação disponível em seu portal na Internet, chamado MARTINSnet, são repositórios de conhecimento.

A maior empresa de bebidas no Brasil, Companhia de Bebidas das Américas, AmBev, está trabalhando em uma iniciativa para distribuir o conhecimento da empresa internamente. O plano é converter sua intranet em um repositório do capital intelectual de seus funcionários, que possa ser facilmente acessado por todos os trabalhadores[23]. Também pretende conectar seus fornecedores a seu sistema de gestão do conhecimento. Através da Internet, a empresa fornece um único ponto de acesso para a informação às suas várias equipes de trabalho. Os membros de uma equipe podem abrir um documento armazenado no sistema e trabalhar nele simultaneamente, independentemente de estarem em São Paulo ou em qualquer outra cidade do Brasil. A AmBev espera que o portal de gestão do conhecimento promova o compartilhamento das melhores práticas de negócio entre suas várias unidades. Para atividades de desenvolvimento de projetos e produtos, os funcionários podem examinar as etapas feitas em projetos similares e reutilizar as peças comuns, evitando atividades redundantes e reduzindo tempos de ciclo do projeto[24].

A Caterpillar também está buscando vantagens com o uso de sistemas de informação para gestão do conhecimento. Primeiramente, na área de *e-learning*. A empresa desenvolveu uma ferramenta de gestão do conhecimento chamada "Universidade Caterpillar", na qual todas as unidades da empresa podem aprender e compartilhar conhecimentos que podem ser úteis aos clientes. Como muitas outras "universidades" corporativas, esse sistema é acessível pela Internet. Entretanto, uma das desvantagens dessa ferramenta de gestão do conhecimento é que seu índice está em inglês, o que prejudica, por exemplo, os funcionários brasileiros que não dominam o idioma[25].

O novo caminhão da marca Mercedes-Benz, ainda sem nome, é mais uma obra de engenharia da DaimlerChrysler, executada a várias mãos. Alemães, americanos e brasileiros trabalharam juntos no novo modelo, tudo de forma virtual, colaborativa e econômica, graças às tecnologias e aos métodos de projetos em conjunto.

Vida Real
Chamada para você

A TIM é uma empresa de controle italiano, que começou suas operações no Brasil em 2001. Em um ambiente competitivo, a TIM apresenta uma alta taxa de penetração de mercado e rapidez na inovação tecnológica. Ela procura diferenciar seus produtos (4.2.2) por meio de uma combinação de inovação e conhecimento do ciclo de vida do cliente, buscando crescentes níveis de satisfação e lealdade por parte dos mesmos.

Em 2002, o Brasil tinha cerca de 35 milhões de usuários de celular, e as perspectivas eram de contínua expansão da base de clientes. Atualmente, a TIM é o único grupo com licença para operar em todo o território nacional. Com apenas um ano de atividades, já alcançou, em 2002, 4,9 milhões de assinantes e faturou R$ 2 bilhões, somente no Brasil.

Feitos todos os leilões, definidas todas as regras, o Brasil chega em 2003 com quatro grandes grupos de telefonia celular – Brasicel, Telecom Americas, TIM e Oi. O nível de competição e a rivalidade entre os concorrentes (4.1.2) são bastante elevados, sobretudo diante do potencial de mercado, que sinaliza R$ 15 bilhões de receitas. Estima-se que o número de celulares em operação ultrapasse o de linhas fixas até 2004.

A TIM opera com tecnologia GSM – Global System for Mobile Communications –, um sistema 100% digital. Outras tecnologias são o TDMA – Time Division Multiple Access –, ou acesso múltiplo por divisão de tempo, e CDMA – Code Division Multiple Access –, uma técnica de espelhamento espectral para a utilização de toda a largura de transmissão. Sem se preocupar muito com os meandros de cada tecnologia, o que importa é entender que TDMA, CDMA e GSM são tecnologias de transmissão de voz e dados essencialmente diferentes e, portanto, exigem infra-estrutura e aparelhos celulares distintos. Para as operadoras, sobretudo, a escolha é crucial. Elas dependem da tecnologia e, principalmente, de sua evolução, para oferecer serviços diferenciados (4.2.2) a seus clientes, como troca de mensagens, acesso à Internet com banda larga pelo celular, redes corporativas sem fio, rastreamento de frotas, entre outros.

A questão da infra-estrutura, no caso da telefonia celular, é uma barreira à entrada (4.1.3) de novos competidores. Existem outras, como os contratos existentes, a regulamentação governamental, a área de cobertura. Outra questão que pode inibir a quantidade de empresas dispostas a entrar nesse mercado é o grau de fidelização do cliente, fator que a TIM espera conseguir por meio de um programa de relacionamento com os clientes (CRM, cap. 2, 2.1) muito avançado e da oferta de produtos personalizados. Estudos indicam que na indústria da telefonia móvel, entre 20% e 30% dos clientes mudam de fornecedores anualmente, fenômeno conhecido como taxa de rotatividade. Diante disso, os fornecedores de serviço precisam saber não somente quem mudou, mas sobretudo o que irá retê-los antes que decidam ir para um concorrente. Uma pequena redução na rotatividade pode significar milhões em receitas mantidas ou em lucros adicionais.

A personalização será dada, principalmente, com o uso do SIM Card, o módulo de identificação do assinante, característico dos celulares GSM. O SIM Card é o chip que carrega a linha telefônica no celular, dando mobilidade à linha, independentemente do aparelho e, principalmente, permitindo que a empresa ofereça ao usuário toda uma gama de produtos exclusivos e comoditizados.

O setor de telefonia celular enfrenta a ameaça de diversos produtos substitutos (4.1.5), como a telefonia fixa, os sistemas via rádio, a comunicação pela Internet, etc. Porém os fabricantes de aparelhos GSM, como Siemens e Nokia, têm a seu favor o baixo custo de produção dos mesmos (4.2.1). Como o GSM é a tecnologia mais disseminada pelo mundo (cerca de 70% dos usuários do planeta têm um aparelho com essa tecnologia), os fabricantes têm grandes economias de escala, o que reflete tanto na aquisição de aparelhos pelas operadoras quanto pelos usuários.

Elaborado pelos autores a partir de informações extraídas das reportagens "Fabricantes de celular investem e acreditam em aquecimento do mercado", *Exame* (13/8/2003); "Guerra das siglas", *Exame* (25/2/2003), "As siglas do alô", *InfoExame*, março de 2003; "Emaranhado sem fio", *Exame*, 26/3/2003; "Deu linha cruzada", *Exame*, 26/3/2003, e SWIFT, R. "CRM – Customer Relationship Management – o revolucionário marketing de relacionamento com o cliente" (2001).

QUESTÕES DE REVISÃO

Neste capítulo nós identificamos cinco técnicas da execução que podem ser usadas para pôr as estratégias do Porter e outros na prática.

1. Expandindo o espaço e a qualidade de serviços do *stakeholder*: fornecendo uma variedade e uma combinação largas de produtos e serviços complementares. Para cada uma das indústrias alistadas abaixo, selecione duas empresas e pesquise como essas empresas estão usando ferramentas da tecnologia de informação entregar produtos e serviços a seus *stakeholders* (empregados, clientes e fornecedores).

   a) Linhas aéreas;

   b) Varejistas on-line;

   c) Restaurantes;

   d) Químicos e plásticos;

   e) Açúcar e álcool;

   g) Supermercados.

RESUMO

- A estrutura da indústria, segundo o modelo proposto por Michael Porter, é moldada por cinco forças básicas: rivalidade dos concorrentes, ameaça de entrada, poder de negociação do cliente, poder de negociação do fornecedor e ameaça dos substitutos. A interação dessas forças determina a atratividade e a rentabilidade de um setor e, em conseqüência, são da maior importância para a formulação da estratégia.

- Diante das forças estruturais que moldam uma indústria, as empresas podem adotar duas estratégias genéricas: liderança de custos ou diferenciação. Os sistemas de informação são ferramentas muito importantes para apoiar qualquer uma das duas estratégias.

- Os Sistemas de Gestão do Conhecimento (KMS) buscam ordenar e potencializar o uso das informações disponíveis nas empresas, para melhorar as rotinas de trabalho. Com a ajuda dos usuários, os KMS permitem a identificação, classificação e disseminação do patrimônio intelectual das empresas, geradas a partir do conjunto de tarefas executadas em uma corporação.

- Além das estratégias genéricas, as empresas têm a seu dispor um conjunto de práticas e técnicas gerenciais, como o *just-in-time*, a parceria informacional, o estímulo ao trabalho em grupo, que podem ser amplamente apoiadas e ampliadas com o uso das novas tecnologias e sistemas de informação.

Notas

1. Na verdade, Porter identifica três estratégias genéricas: liderança de custos, diferenciação e foco. Alguns autores identificam quatro estratégias genéricas: liderança de custos, foco e liderança de custos, diferenciação, foco e diferenciação. O presente livro, contudo, adota apenas as estratégias genéricas de liderança de custos e diferenciação, por entender que a estratégia genérica de foco pode ser considerada uma variante de qualquer uma das duas.
2. O exemplo da GM foi redigido com base em informações extraídas da Revista Exame, Como a Internet está transformando (de verdade) a vida nas empresas, 13/6/2001.
3. O exemplo da Dell foi redigido com base em informações extraídas da Revista Exame, Como a Internet está transformando (de verdade) a vida nas empresas, 13/6/2001.
4. O exemplo da Wal-Mart foi redigido com base em informações extraídas da Revista Exame, "A importância dos modelos de negócios", 30/7/2002, e da obra de Swift, Ronald S. *CRM – O revolucionário marketing de relacionamento*. Rio de Janeiro: Campus, 2001.
5. O exemplo do Nakombi foi redigido com base em informações extraídas da reportagem "O cartão fica na mesa", InfoExame, abril de 2003.

6. Preços de mercado em junho de 2002, consultados pelos autores em apenas uma loja de cada produto, portanto, sujeitos a oscilações. Optou-se por fazer a afirmativa, mesmo assim, tendo em vista seu alto teor explicativo.
7. Wenger, E.; Mcdermott, R.; Snyder, W. *Cultivating Communities of Practice – a guide to managing knowledge.* Harvard Business School Press, EUA, 2002.
8. Terra, J. C. C. e Gordon, C. *Portais Corporativos – a Revolução na Gestão do Conhecimento*, São Paulo: Negócio Editora, 2002, p. 57.
9. "*Communication is human nature; knowledge sharing is human nurture*", in http://www.knowledge-nurture.com, 24/3/2003.
10. Porter (1999) destacou a necessidade de não se confundir ferramentas gerenciais com estratégia. Gestão da qualidade total, *benchmarking*, terceirização, reengenharia, etc. são consideradas pelo autor como ferramentas gerenciais, sendo que o cerne da estratégia é desempenhar atividades diferentes das exercidas pelas rivais, ou desempenhar as mesmas atividades, de maneira diferente.
11. O conjunto de ferramentas gerenciais explorado pelos autores é uma versão alterada de um conjunto semelhante apontado por Stephen Haag, Maeve Cummings e Jim Dawkins. Para esses autores, contudo, essas ferramentas gerenciais são verdadeiramente estratégias, as quais eles chamam de "horsepowers" organizacionais.
12. Vieira, E. "Os donos do e-commerce", INFO, maio, edição 194, 2002.
13. As informações sobre esse exemplo da Motorola foram extraídas da reportagem: Como a Internet está transformando (de verdade) a vida nas empresas, Revista Exame, 13/6/2001.
14. Mercado Eletrônico Web site. Informações do Crédito. http://www.me.com.br/ Infocad.asp
15. FGV Online Web site. Cursos. http://www2.fgv.br/fgvonline/index.asp
16. "Intranet de gente grande" (2002). Info Online. Agosto, Edição 197. http://info.abril.com.br/ie197/1152_2.shl
17. Rebouças, L. "Para que, afinal, serve a Internet?" (2001). Negócios Exame, setembro.
18. Caterpillar Web site. Products Made in Brasil. http://www.caterpillar.com.br/about_cat/cat_worldwide_pt/02_america_latina/06_brasil/_brasil/products_made_in_brasil.html
19. Idem.
20. Dazzi, C. (2002). "Reaprenda a aprender", Business Standard, 13 de junho. http://www.businessstandard.com.br/bs/ecommerce/2002/6/0002
21. Idem.
22. Teixeira, Jr., S. "Portal corporativo – a nova aposta da AmBev", Revista Exame, 18 de março, 2002.
23. "Intranet Turbinada", Revista Exame, 18 de março, 2002.
24. Informal Informática Web site. Summary of activities presented at the conference "Administração Estratégica dos Recursos Humanos na Implantação da Gestão do Conhecimento", http://www.informal.com.br/eventos/eventos91.htm

Redes de Computadores

ABERTURA

No **Capítulo 5**, tratamos mais especificamente das redes de computadores e suas utilizações dentro das empresas. A infra-estrutura de redes é fundamental para que os sistemas de informação funcionem adequadamente e propiciem agilidade, eficiência e redução de custos para as empresas.

Este capítulo aborda exemplos de utilização de redes pelas empresas em seus processos de negócios, destacando como tendência para o futuro a utilização de redes sem fio (*wireless*). Ao seu final, apresenta uma leitura complementar sobre fundamentos técnicos das redes, que poderão auxiliá-lo, como administrador, em seu diálogo com os profissionais da área técnica, quando for montar ou redesenhar uma rede de computadores para sua empresa.

Traz, ainda, dois casos de **Vida Real** sobre utilização de redes: Lubiani e Banco do Brasil.

OBJETIVOS DE APRENDIZAGEM

- Conhecer conceitos, hardware e software envolvidos em redes de computadores;
- Verificar como as empresas estão utilizando redes e telecomunicações em seus processos de negócios;
- Analisar como as redes e telecomunicações podem ser utilizadas para gerar vantagens competitivas para as empresas e serviços diferenciados aos clientes.

Os computadores passaram a representar de fato uma grande vantagem estratégica para as empresas a partir do momento em que surgiu a possibilidade de serem conectados em rede. Basicamente, uma rede é um conjunto de computadores conectados entre si e capazes de realizarem determinas tarefas em conjunto, como compartilhar arquivos.

As tecnologias de rede têm se tornado cada vez mais importantes para os Sistemas de Informações Gerenciais. Tanto o setor público quanto o privado têm se beneficiado do uso das tecnologias de rede para interligar seus sistemas internos e externos. Atualmente, a crescente disponibilidade da Internet vem simplificando a interconexão de sistemas entre múltiplas organizações, além das vantagens obtidas pelo uso interno dessas tecnologias.

Quando falamos de redes, abordamos um assunto bastante abrangente, que envolve vários componentes, tais como hardware (cabos, placas de rede, servidores de vários tipos), software (sistemas operacionais, aplicativos para rede) e padrões, que definem a interoperabilidade dos componentes de hardware e de software.

O que é uma rede? Em termos simples, é um conjunto de dispositivos que podem alcançar um propósito comum através de comunicação compartilhada. Para que esse objetivo seja alcançado, vários componentes são necessários para a construção de uma rede:

- Mídia – é a interconexão física entre os dispositivos, que pode ser obtida por meio do uso de vários tipos de cabeamento, circuitos telefônicos, microondas, sinais de satélite e sem fio (*wireless*);

- Método de Acesso à Rede – padrões que determinam como o hardware e o software se comunicam através de uma mídia. Alguns exemplos: Ethernet, Anel, Estrela, *Wireless*;

- Protocolo – um conjunto padronizado de regras sobre como uma informação é embalada para ser entregue através de uma mídia, ou seja, a forma como essa informação será codificada e decodificada. Exemplos de protocolos: Appletalk, IPX/SPX, TCP/IP;

- Hardware – placas de redes, *hubs*, *switches*, roteadores, etc., responsáveis pela conexão dos dispositivos à mídia;

- Software – programas que operam em computadores ou dispositivos da rede que permitem a comunicação entre os vários elementos do hardware.

Um aspecto crítico na construção de uma rede é a aderência aos padrões, os quais definem como os vários componentes de uma rede, tanto o hardware como o software, podem operar em conjunto com outros dispositivos. Para esse propósito, várias organizações globais estão trabalhando em conjunto com as partes interessadas, como os fabricantes de equipamentos, vendedores de software ou pesquisadores, para definir conjuntos de regras que se apliquem a certos aspectos das tecnologias de rede. Uma organização dessa natureza é o *Institute for Electrical and Electronics Engineers* (IEEE), que tem publicado uma série de padrões formais para redes. Outra organização, a *Internet Engineering Task Force* (IETF) supervisiona aspectos do desenvolvimento da Internet. A *International Standards Organization's Open Systems Interconnect* (ISO/OSI), por sua vez, provê um modelo fundamental para comunicação dos componentes em vários níveis de um sistema de rede.

5.1 O modelo de computação cliente/servidor

O surgimento e a grande penetração dos microcomputadores fizeram surgir nas empresas um modelo peculiar de redes de computadores, o chamado modelo cliente/servidor. Os microcomputadores, embora estejam cada vez mais potentes, ainda não são capazes de realizar determinadas tarefas, sobretudo quando se trata de empresas grandes, com bancos de dados gigantescos sobre milhares de clientes. Por essa razão, o ideal é que essas tarefas sejam realizadas por computadores mais potentes, os chamados computadores de grande porte (*mainframes*). Os microcomputadores são utilizados pelos usuários finais, que, quando precisam recorrer a capacidades maiores de processamento, usam o servidor. O processo todo é invisível ao usuário final, que só percebe o resultado final na tela de seu computador de mesa. Portanto, computação cliente/servidor é um tipo de computação em rede, no qual as estações de trabalho dos usuários finais, os clientes, estão conectadas a computadores mais potentes, os servidores.

Imagine que um vendedor das Casas Bahia tenha interesse em acessar o histórico de crédito de um cliente específico. O computador de mesa da loja em que trabalha irá acessar esses dados no servidor e trazê-los para sua tela. Ele não teria condições de manter os dados sobre todos os clientes da Rede, nem de processar esse tipo de transação. Porém, com o auxílio do computador mais potente, o resultado é alcançado. Portanto, a computação cliente/servidor divide o esforço computacional segundo a capacidade de cada equipamento de informática.

5.2 Usos de redes de computadores nas empresas

Peter Drucker costuma afirmar *que as empresas devem funcionar como uma orquestra*. Todos os funcionários fazendo sua parte, lendo a mesma partitura e harmoniosamente produzindo um resultado final, ou seja, uma bela melodia. Quando você tem subsidiárias e escritórios espalhados geograficamente, ou mesmo dispersos globalmente, isso se torna mais difícil, como tocar a mesma partitura que alguém que está do outro lado do planeta toca, ao mesmo tempo.

Essa é uma das principais aplicações das redes nas empresas: a possibilidade do trabalho colaborativo.

5.2.1 Usando redes para colaborar

As redes permitem que se trabalhe junto com mais efetividade, pois ajudam a comunicação (intercâmbio de informações uns com os outros), a coordenação recíproca de esforços individuais e da utilização de recursos e a colaboração em projetos comuns.

O ideal do trabalho colaborativo é que o seu resultado seja maior do que a soma dos trabalhos individuais. Ou seja, o grupo produzirá sempre mais do que cada um fazendo sua parte isoladamente. Softwares de trabalho em grupo (*groupware*) permitem que se trabalhe junto em um documento, que se navegue junto pela Internet, que se compartilhem agendas e listas de tarefas, a realização de listas de discussão, enfim, agilizam o trabalho em equipe.

Com as redes, essas equipes nem precisam se reunir presencialmente. Atualmente, fala-se muito nas equipes virtuais, que são grupos de funcionários reunidos em torno de projetos específicos, buscando colaboração temporária e fluida para alcançar um objetivo. Essas pessoas são conectadas por interesses comuns e especializações complementares, e sua comunicação e colaboração são amplamente apoiadas pela tecnologia da informação.

A Nokia logo percebeu que para fazer parte da nova onda de inovações no campo dos telefones celulares, bem como estar pronta para responder às necessidades emergentes dos consumidores, não poderia ficar restrita à sua base finlandesa. Dos seus 53.849 funcionários ao final de 2001, apenas 41% estavam lotados na Finlândia. Seu país de origem não está entre os seus dez principais mercados, que são, em ordem decrescente, os Estados Unidos, a China, o Reino Unido, a Alemanha, a França, a Itália, as Filipinas, a Tailândia, o Brasil e a Espanha. Em 2001, a Europa respondeu por 49% das vendas líquidas, as Américas 25% e a Ásia e o Pacífico por 26%.

Para fazer frente às suas necessidades de financiamento, a empresa buscou o centro financeiro de Nova Iorque, nos Estados Unidos. Com os americanos, a Nokia "aprendeu" requisitos de desempenho e controle financeiro que não existiam no mercado europeu. O fato de buscar capital em um contexto institucional distante e não familiar também representa uma oportunidade de conscientização, por parte dos executivos, de que o mundo não é regido pelas normas domésticas vividas pela empresa. As ações da Nokia são negociadas nas principais bolsas do mundo (Nova Iorque, Paris, Frankfurt, Estocolmo e Helsinki) e estão, principalmente, nas mãos de estrangeiros. Ao final de 2001, 90,67% das ações eram mantidas por estrangeiros[1].

Seu centro de pesquisa e desenvolvimento fica localizado no Reino Unido, que conta com mais profissionais e acadêmicos especializados na área do que a Finlândia. São 18.600 funcionários cuidando da P&D, 35% do total de funcionários da Nokia. Em 2001, os investimentos em P&D representaram 9,6% da receita líquida[2]. O centro de desenvolvimento de estratégias de marketing fica em Los Angeles, nos Estados Unidos, onde a empresa "aprendeu" que o celular estava se tornando um acessório de moda, bem como desenvolveu habilidades para fazer marketing em escala global. Em 1998, a Nokia já utilizava suas capacidades de gestão metanacional do conhecimento para identificar que os celulares estavam se tornando acessório de moda no Japão e na Califórnia, passando a desenvolver uma linha de *design* que terminava um modelo a cada par de meses. Também foi por meio de suas habilidades de sentir necessidades emergentes dos mercados consumidores que a Nokia foi pioneira na integração de e-mail e outras funcionalidades da Internet aos telefones celulares.

A empresa mantém uma unidade no Japão, com o objetivo de aprender sobre as aplicações de dados suportados na plataforma dos telefones celulares, bem como sobre conceitos avançados de miniaturização. Do Japão, a Nokia também aprendeu sobre a mentalidade dos consumidores de produtos eletrônicos. Em suas instalações no Sudeste Asiático, a empresa desenvolveu habilidades de manufatura integrada por computador, aprendendo habilidades de gestão de negócios de baixa margem e de produção de baixo custo.

Acessando e mobilizando todo esse conhecimento, a Nokia foi capaz de se antecipar aos seus concorrentes, identificando tendências e necessidades emergentes dos mercados consumidores de telefonia celular. Em cada uma de suas unidades, há um ou mais gerentes oriundos da Finlândia, constituindo-se uma rede pessoal de intercâmbio de conhecimento em escala planetária. Atualmente, a Nokia ocupa o primeiro lugar em termos de venda de telefones celulares, crescimento e retorno sobre o capital. Ela aprendeu com o mundo. Esse tipo de organização somente dá certo, contudo, com o suporte intensivo de redes de computadores.

5.2.2 Usando redes para comunicar

Imagine se o gerente de recursos humanos do Banco do Brasil decidisse enviar uma mensagem para cada um de seus mais de 70 mil funcionários. O custo em reprodução, envio e tempo de distribuição seria exorbitante. Colocando a mensagem na Intranet da empresa, entretanto, a informação estará disponível instantaneamente para todos os funcionários, a um custo quase nulo.

Valendo-se das vantagens do desenvolvimento e editoração de documentos em multimídia, com hiperlinks para bancos de dados em hipermídia, podem ser criados e divulgados boletins, desenhos técnicos e catálogos de produtos, veiculados instantaneamente pela rede.

5.2.3 Usando redes para melhoria das operações e redução dos custos de transação

Vários dos exemplos que utilizamos até agora neste livro envolvem algum tipo de utilização de redes de computadores. Transações entre clientes e fornecedores e uso de ERPs para controle on-line e em tempo real das informações gerenciais são exemplos de ferramentas que só se tornaram viáveis a partir da utilização das tecnologias de rede. Uma das grandes expectativas em relação à implantação das redes é justamente a redução dos custos de transação e a agilização dos processos empresariais.

A General Eletric, por exemplo, elegeu o comércio eletrônico como uma prioridade. As suas unidades de negócio estão organizadas em torno de três grandes sites da Web, que realizam compras, vendas e processos administrativos. Em 2000, a GE mundial vendeu US$ 7 bilhões via on-line. Já suas compras pela Internet movimentaram US$ 6 bilhões. A redução dos custos de compras da empresa gira em torno de 7% e 10%[3].

5.3 A tecnologia de redes sem fio (Wireless Networks – W-LAN) e Comércio Móvel (*m-commerce*)

Você se lembra da Deicmar, a empresa de transporte e logística que apresentamos no subcapítulo 2.5, quando discutíamos os processos de gestão financeira e contábil? Nesta seção do Capítulo 5, usaremos exemplos dessa empresa e de outras para ilustrar o crescente uso de redes sem fio nos negócios. O que é uma rede sem fio? Em termos simples, é uma rede local (LAN) sem fios ou cabos. Os dispositivos na rede se comunicam utilizando uma certa freqüência de rádio ou raios infravermelhos (ondas eletromagnéticas um pouco menos compridas que a luz vermelha)[4]. Alguns padrões populares (protocolos) são utilizados atualmente para transmissões sem fio: TCP/IP, IEEE 802.11 ou *Bluetooth*[5].

> **Redes Wireless:** redes locais que conectam dispositivos usando ondas de rádio ou raios infravermelhos.

No momento, há duas aplicações nessa área de redes sem fio que parecem ser tendências para o futuro no campo empresarial: o uso de redes locais sem fio para melhorar a eficiência das tarefas diárias e o uso de várias combinações de redes sem fio para apoiar processos de gestão do relacionamento com clientes (CRM). Nas próximas seções, daremos exemplos de como os negócios têm adotado as redes sem fio em seus processos.

5.4 Redes sem fio nos negócios: facilitando os processos

O centro de distribuição da Deicmar's Centro de Distribuição, em Campinas, é um local estratégico para as atividades de logística da empresa. Ele ocupa 124 mil m², tem 53 docas e pode lidar com 20 mil posições de palete, 50 mil posições em estantes e *racks*, além de 14.000 m² destinados a operações personalizadas. Localizado próximo ao Aeroporto Internacional de Viracopos, também em Campinas, e com rodovias que o ligam à cidade de São Paulo e ao interior do estado, a empresa provê o recebimento, armazenagem flexível, separação, carregamento, transporte, *cross-docking*, gerenciamento do estoque do cliente, etiquetagem, embalagem/composição, paletização e serviço de processamento de pedido para seus clientes. O sistema de armazenamento da

Deicmar's usa redes sem fio (rádio) para coletar dados dos códigos de barras de todos os produtos. Com esses dados, a empresa sabe tudo sobre o movimento e a armazenagem dos bens em seu centro, podendo rapidamente gerar relatórios dessas informações para seus clientes, que, por sua vez, dependem de informações confiáveis sobre seu inventário[6].

Um exemplo muito diferente de uso da tecnologia *wireless* vem do 1º Batalhão Militar do Corpo de Bombeiros de Minas Gerais, em Belo Horizonte. Eles utilizam redes sem fio para enviar informações do campo para o quartel central. Diretamente do local do incêndio ou da vistoria, os bombeiros transmitem os dados de seus *handhelds* para telefones celulares, via infravermelhos. Dos celulares, a informação viaja por redes sem fio até o quartel central. O sistema também é utilizado para transmitir informação na direção inversa – do quartel central dos bombeiros para os bombeiros no local de um incêndio. Assim, os bombeiros podem obter informações sobre a localização de hidrantes e rotas de escape, por exemplo[7]. De modo semelhante, a Liberty Paulista Seguros, uma companhia de seguros de abrangência nacional, com mais de 400.000 clientes, adotou computadores *handheld* para se comunicar por meio de redes sem fio, durante seus processos de vistoria. Quando os corretores de seguros vão fazer a vistoria, as informações podem ser submetidas imediatamente, encurtando o ciclo entre inspeção e reembolso[8].

A Fran's Café instalou redes sem fio em suas lojas e até o fim de 2003 todas deverão ter o recurso. Atualmente, seis lojas, em São Paulo e Sorocaba, o têm. Ele permite que clientes naveguem na Internet enquanto desfrutam de seu cafezinho. Não é raro ver pessoas fechando negócios ou realizando reuniões de trabalho nos cafés, ou ainda trabalhando um pouco fora de seus escritórios. Esse é um exemplo de escritório virtual, onde as pessoas têm acesso às ferramentas de tecnologia de informação que precisam para fazer seu trabalho onde queiram[9].

Para aqueles que viajam a trabalho, o Grupo Accor têm planos de estender o conceito de escritório virtual para algumas de suas localizações. Está planejando instalar redes sem fio em aproximadamente 100 de seus hotéis durante 2003. A empresa planeja lançar os pontos de acesso sem fio no Sofitel, no Rio de Janeiro, e no Mercure Grand Hotel, em São Paulo, Ibirapuera. Esses hotéis foram escolhidos como pioneiros pelo fato de que a grande maioria de seus hóspedes – 90% – são executivos, portanto pessoas com alta necessidade de conexões sem fio à Internet[10].

Imagine ser capaz de usar seu cartão de crédito para pagar um táxi ou comprar um refrigerante em um quiosque no meio da praia. A tecnologia que possibilita transmissões sem fio para processamento de autorizações de cartão de crédito já existe. Terminais de ponto-de-venda sem fio são usados para scannear o cartão de crédito e, então, os dados são transmitidos por celular, como no exemplo dos bombeiros de Belo Horizonte. Sistemas similares estão sendo utilizados em aproximadamente 200 lojas no Shopping Iguatemi, em São Paulo. Eles permitem que as transações com cartões de crédito sejam processadas em qualquer lugar na loja e por transmissões sem fio[11].

Esses são apenas alguns exemplos do uso de tecnologias sem fio para apoiar os processos diários de um negócio ou para permitir que os empresários e funcionários das empresas tenham acesso à Internet e às Intranets das empresas, estando em qualquer lugar. Como identificamos na seção 5.5, o outro uso emergente para as comunicações sem fio é o comércio móvel (*mobile commerce* ou *m-commerce*).

5.5 Conveniência do consumidor por meio do Comércio Móvel (*m-commerce*)

Embora esse ainda seja um canal novo para as atividades de CRM, os clientes podem facilmente armazenar informações e realizar várias atividades cotidianas com seus celulares. Clientes da Vivo podem usar seus celulares para fazer suas operações bancárias com o Banco1.net, Banco do Brasil, Banco Real, Banespa, BankBoston, Bradesco, Itaú e Unibanco. Eles podem conferir seus saldos, transferir valores entre contas, fazer pagamentos, consultar cotações de ações, entre outras possibilidades. Em Curitiba, no Rio de Janeiro e em São Paulo, os clientes podem acessar dicas de trânsito por meio do Rodas-Apontador. Através de parcerias informacionais (subcapítulo 4.4.3) com o Yahoo! Brasil, o UOL, o SeliG, a Folha e o Terra Mobile, os clientes podem acessar previsões do tempo para suas cidades, seja no Estado de São Paulo, no território brasileiro ou mesmo no mundo[12].

> M-commerce (mobile commerce) uses celulares as the tool for staying in contact with customers.

Uma prática popular em alguns países da Europa e que começa a chegar ao Brasil é o uso dos celulares para fazer micropagamentos. Em Curitiba, a Metalfrio, que produz máquinas de venda de refrigerantes, já disponibiliza equipamentos que fazem interface com celulares e permitem que os clientes adquiram suas latinhas sem usar dinheiro[13].

Outra possibilidade para as empresas é enviar informações e alertas personalizados aos seus clientes pelos celulares. O Unibanco disponibiliza um serviço que alerta os clientes sobre cheques devolvidos, uso de um cartão de crédito ou débito e sobre datas de vencimento das contas, por exemplo[14]. Imagine um cliente empresário que esteja indo a um restaurante para jantar. No momento em que está pagando a conta, imediatamente após os dados do cartão de crédito terem sido lidos pelo caixa, ele receberá em seu celular uma mensagem do Unibanco informando que determinada quantia foi gasta com seu cartão de crédito. Esse tipo de alerta tem como propósito básico evitar fraudes: caso não tenha feito nenhuma compra, saberá imediatamente que seu cartão – ou mesmo o número – foi roubado e está sendo utilizado indevidamente e sem autorização. Assim, pode contatar as autoridades sobre o roubo com mais rapidez. A Figura 5.1 mostra um exemplo desse tipo de alerta.

Como essas práticas ainda são recentes, na medida em que as empresas imaginem novas formas de entregar serviços pelo celular, espera-se que aumente o tipo e a variedade de transações realizadas por essa mídia.

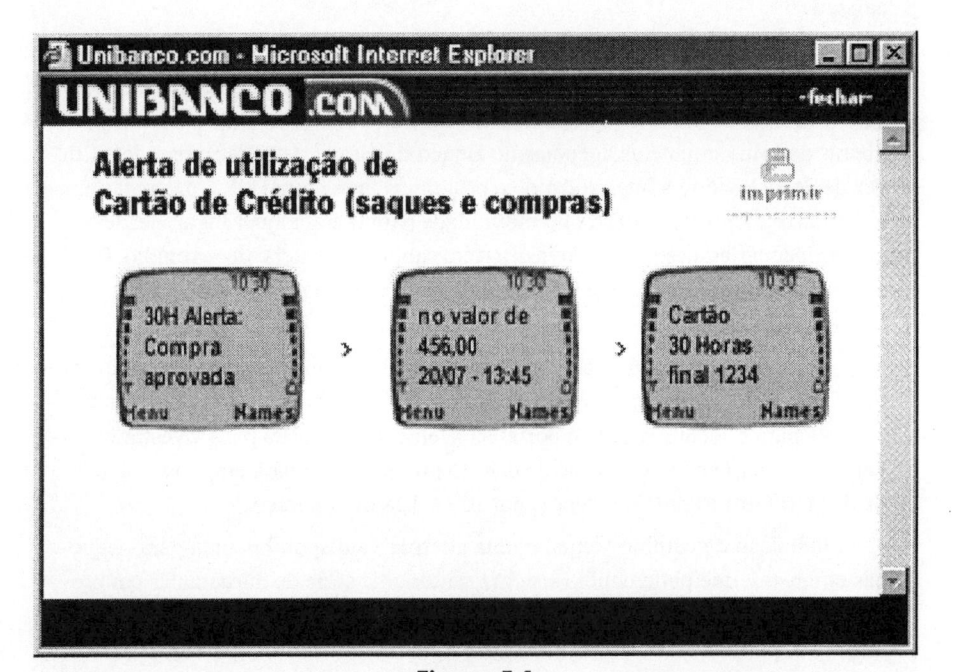

Figura 5.1

VIDA REAL
Pagando contas e tomando um coco

O Banco do Brasil já se tornou um ícone do país, com cerca de 16 milhões de correntistas, 3.218 agências no Brasil e 18 no exterior, operadas por um total de mais de 90 mil funcionários e estagiários. Trata-se de fato de uma empresa de classe global.

Dos seus correntistas, 31% (ou seja, cerca de 4,5 milhões) acessam o Banco pela Internet. Sua área de *mobile banking* (banco móvel) recebe cerca de 32 mil transações mensais, vindas do *Wap* (telefone celular) ou *Palm* (computadores de mão).

O sucesso dos serviços sem fio está incentivando o Banco do Brasil a dar mais um passo, incluindo os serviços on-line nos chips dos telefones celulares GSM – *Glocal System for Mobile Communications* –, de modo que passem para o menu do aparelho. O GSM é um sistema 100% digital para comunicações sem fio. Cada telefone ou dispositivo GSM tem um SIM Card, ou módulo de identificação do assinante, que permite ao usuário ser tratado de forma personalizada.

Outro projeto avançado da equipe do Banco do Brasil é a instalação de um minúsculo e muito poderoso programa, desenvolvido em Linux, em um PDA – *Personal Digital Assistant* – iPaq, da HP. Essa solução está sendo proposta para liberar definitivamente as agências do Banco do Brasil das quatro paredes. Em vez de dois servidores Intel, rodando o programa operacional OS2, presentes nas agências tradicionais, o PDA terá mobilidade para ir a qualquer lugar, desde feiras agropecuárias a estandes provisórios em shopping centers, por exemplo. Com aplicação servidora de Caixa e de Atendimento Automático, torna-se um minibanco de mão.

O Banco do Brasil também tem investido muito em aplicações para a Internet. Está negociando com provedores de acesso para oferecer banda larga gratuitamente para seus clientes. Seu portal na Web é uma entrada para investimentos em vários segmentos. A solução de crédito pré-aprovado para empresas, chamada de "BB Giro Rápido", recebeu, em 2002, 128 mil operações.

O balcão de câmbio virtual é uma alternativa disponibilizada para pequenas empresas, que podem, pelo sistema, saltar uma série de burocracias em processos de exportação. Utilizando o site do Banco como mediador, as pequenas empresas podem fazer de forma ágil e desburocratizada exportações de até US$ 10 mil.

O site do Banco ainda tem uma área de *Business-to-Governement* (B2G), com informações detalhadas sobre cada uma das licitações oferecidas pelo governo. Em 2002, foram contabilizados R$ 128 milhões em transações.

Um quesito fundamental e imprescindível, quando se utilizam aplicações de redes e telecomunicações, é a segurança. O Banco do Brasil foi a primeira instituição financeira no país a adotar a certificação digital, com tecnologia da Certisign. O sistema oferece dois níveis de proteção. O primeiro é a certificação no servidor Web, responsável por criar um canal exclusivo, protegido com alta criptografia, entre o cliente que está acessando a página e o Banco. O segundo nível é a certificação do usuário, que atua como uma identidade digital, garantindo que quem está acessando a página é realmente o cliente identificado.

Com tudo isso, não é raro ver um cliente do Banco do Brasil resgatar uma aplicação usando seu telefone celular, sentado confortavelmente numa cadeira na Praia do Forte, em Salvador.

Elaborado pelos autores com base na reportagem "Banco de bolso", Exame, 18/07/2002.

VIDA REAL
Anjos da guarda

A Lubiani Transportes, fundada em 1969, é uma empresa especializada em transporte rodoviário de cargas completas ou fracionadas. Ao longo dos anos, evoluiu de uma pequena empresa familiar para um grande empreendimento de transporte, tendo desenvolvido serviço próprio e altamente capacitado para cuidar de todos os itens do veículo que transporta sua carga, desde o aperto de uma porca até a revisão completa de um motor.

Investindo continuamente em novas tecnologias, bem como na qualificação de seus funcionários, a Lubiani tornou-se a primeira empresa brasileira de transportes a receber a certificação ISO 9001:2000 pela BVQI. Sua filosofia envolve um enfoque direto no cliente, em razão do qual a empresa busca desenvolver-se permanentemente. Por isso, a cultura da empresa motiva todos os seus funcionários a trabalhar com satisfação, garantindo a qualidade de seus serviços.

A Lubiani Transportes é especializada na condução de grandes volumes na categoria carga seca, excedente em altura e largura de até 45 toneladas, por via rodoviária. As operações de transportes são realizadas com o uso de *trucks*, batedores, pranchas rebaixadas, carretas extensivas até 25 metros e *siders*, que garantem segurança e qualidade pelas rodovias do país.

Sua frota envolve mais de 700 veículos, todos rastreados via satélite, distribuídos entre oito filias e postos de serviços em atividade por todo o território nacional. O rastreamento via satélite é feito com a tecnologia GPS – *Global Positioning System*. Este foi fundado e é controlado pelo Departamento de Defesa dos Estados Unidos. Fornece sinais de satélite codificados que são processados em um receptor especial, permitindo que se saiba a posição, velocidade e o tempo de determinado objeto. O sistema funciona com uma constelação de 24 satélites, com órbita de 12 horas.

As coordenadas geográficas, bem como uma variedade de sinais gerados pelo equipamento instalado a bordo do veículo (*Automatic Vehicle Location* – AVL), são enviadas para uma Central de Monitoramento, possibilitando ao operador visualizar e seguir instantaneamente a exata posição do mesmo em qualquer parte do globo terrestre, através de mapas digitalizados.

Além de beneficiar a logística e permitir melhor aproveitamento da frota, o aparelho constitui-se em eficiente proteção à carga, adotando procedimentos de segurança previamente programados, sem a necessidade de interferência do operador ou do motorista, travando portas, cortando o combustível, enviando sinais, fotos ou mensagens de logística e segurança a uma estação central própria de monitoramento.

Entre as possibilidades geradas pela nova tecnologia, destacam-se o controle de posicionamento global dos veículos; o controle de rota com desligamento do veículo caso o mesmo deixe a rota preestabelecida; a comunicação entre a central e caminhões; a escuta na cabine; e os relatórios detalhados de viagens.

Elaborado pelos autores com participação de Jenival Dias Sampaio, diretor de Transportes e Operações da Lubiani.

LEITURA COMPLEMENTAR
Fundamentos Técnicos das Redes de Computadores
Hardware

Muitos componentes de hardware são necessários para construir uma rede. No nível mais básico, deve haver algum tipo de mídia para interconectar os dispositivos. Pense nisso como uma rodovia por onde os dados devem fluir. A mídia pode ser baseada em vários tipos de tecnologia, mas o mais comum é um tipo de cabo chamado par trançado. Esse tipo de cabo é muito parecido com o cabo do telefone em sua aparência, mas tem uma qualidade melhor para suportar as maiores taxas de transferências de dados necessárias às transmissões de uma rede. Normalmente, dispositivos conectados por par trançado devem estar localizados dentro de um raio de 100m de um ponto central de distribuição.

A fibra ótica é normalmente utilizada para conectar dispositivos que estão separados por distâncias maiores do que aquelas suportadas pelo par trançado. Ao contrário deste, que transmite dados por sinais elétricos, a fibra ótica transmite dados por pulsos de luz.

Muitos tipos de circuitos telefônicos podem ser usados para interconectar os dispositivos de rede. Normalmente, isso é feito para conectar filiais e matrizes. No caso de uma empresa que necessita desse tipo de serviço, ela pode especificar a taxa necessária de transmissão de dados (banda) e o fornecedor de telecomunicações provê o serviço. Assim, a empresa não precisa se preocupar sobre como um sinal é transmitido de A para B, já que a preocupação é que o sinal percorra seu caminho de forma confiável e na velocidade necessária. O dado pode viajar por vários caminhos para alcançar seu destino, mas, uma vez que chegue, o serviço atendeu ao necessário.

As redes sem fio (*wireless*) são outra tecnologia que pode ser usada para interconectar dispositivos em uma rede. Esta tecnologia reúne opções como sinais de rádio, infravermelho, microondas ou satélites. Cada uma dessas opções proporciona graus variáveis de velocidade e confiabilidade. Algumas exigem que não haja elevações ou prédios no meio do caminho, que bloqueiem o sinal. Algumas, comumente utilizadas atualmente, incluem redes IEEE 802.11 (802.11a, 802.11b, and 802.11g). O *Bluetooth* é um padrão em desenvolvimento para redes pessoais locais (PAN), que pode ser usado para interconectar dispositivos como assistentes pessoais (PDAs), telefones celulares e computadores em uma área pequena.

Software

O software está presente em vários níveis de um sistema de redes e em vários dispositivos. Seguem-se alguns exemplos do seu uso pelos sistemas de rede:

- Software dos drivers, que fazem a interface entre um cartão de rede e um sistema operacional;
- Ferramentas de software, que são utilizadas para gerenciar componentes individuais de uma rede, como, por exemplo, o software da HP "Web JetAdmin", que pode ser usado para configurar e controlar servidores de impressão;
- Há o software que controla as funções das pontes, dos roteadores e dos *gateways*. Um exemplo é o Cisco IOS, que é o sistema operacional fornecido pela Cisco para controlar seus roteadores;
- Sistemas Operacionais de Rede, que propiciam a capacidade de compartilhar recursos em um servidor dedicado, além de prover uma capacidade centralizada de gerenciar e garantir a segurança de recursos, entre outros. O Microsoft Windows 2000 Server, o Microsoft Windows 2003 Server, o Novell Netware, o Linux e o Unix são exemplos;
- Serviço de diretórios, que é uma aplicação de banco de dados que rastreia e mantém recursos para uma rede de uma forma global. Em vez de definir recursos para cada dispositivo individual, um serviço de diretórios provê uma plataforma de software para gerenciar recursos através de dispositivos diferentes. Além disso, um serviço de diretórios pode ser particionado para o gerenciamento de pequenos pedaços de um banco de dados maior, e pode ser replicado através de diversas regiões geográficas, gerando redundância. Exemplos: Microsoft Active Directory e Novell Directory Services;
- Um software de gerenciamento, que monitora e reporta condições de erro na medida em que ocorrem nos vários componentes de uma rede. Alguns exemplos incluem o CA UniCenter, o HP OpenView e o IBM Tivoli. Com o software de gestão de redes, um centro de operações da rede pode monitorar os vários dispositivos da rede, como hubs, switches, pontes e roteadores, bem como servidores, impressoras, etc. Quando ocorre um erro, um alerta é enviado pelo dispositivo, pelo protocolo de gestão de rede (Simple Network Management Protocol – SNMP) para uma estação de trabalho na central de monitoramento;
- Groupware é um tipo de software aplicativo que provê ferramentas de colaboração para usuários dentro de uma organização. Algumas dessas ferramentas incluem e-mail, agenda compartilhada, fluxo de documentos, etc. Com a capacidade de compartilhar recursos em uma rede, os usuários têm a possibilidade de colaborar em algum projeto, independentemente de estarem no mesmo local físico. Exemplos: Lotus Notes, Microsoft Exchange e Novell Groupwise;

- Softwares de segurança, que podem incluir componentes que se integram ao sistema operacional da rede ou ao serviço de diretórios, assim como podem ficar sozinhos, de forma complementar aos sistemas da rede. Existem softwares para fazer a criptografia dos dados que estão sendo enviados por meio de links públicos (como a Internet, por exemplo) ou para confirmar a identidade de uma fonte (assinaturas digitais). Dispositivos de segurança, que incluem biométrica (reconhecimento de características pessoais únicas, tais como impressões digitais, retina, reconhecimento de voz), estão sendo utilizados de forma complementar aos sistemas tradicionais de autenticação por senhas e nomes de usuários, para permitir acesso às redes. Outros dispositivos de segurança incluem cartões inteligentes (*smart cards*) e hardwares específicos, como os "*token*" e as "chaves";

- Firewalls têm se tornado cada vez mais importantes para as organizações, por garantir a segurança de suas redes contra invasões e controle não autorizado por pessoas externas. Os firewalls têm algumas características dos roteadores e dos gateways, mas acrescem a capacidade de monitorar e controlar o acesso externo e interno às redes;

- Uma rede virtual privada (*Virtual Private Network – VPN*) permite que a informação seja enviada por meio de uma rede pública e sem segurança, como a Internet, por um sistema de criptografia entre a fonte e o destinatário. O software VPN constrói um túnel de segurança dentro da mídia sem segurança, para prevenir acessos não autorizados e não desejados aos dados. Apenas a fonte e o destinatário podem acessar os dados, através de um conjunto comum de chaves de segurança.

Escopo das redes

As redes variam em tamanho e escopo. Os mesmos componentes podem ser usados em uma rede pequena de uma loja de varejo, como apoio a um sistema de ponto-de-venda, por exemplo, e para conectar os escritórios de uma empresa transnacional ao redor do mundo.

a) Redes Locais (*Local Area Network*)

Uma rede local (LAN) geralmente se refere a um grupo de dispositivos conectados a um único local, em um único prédio, independentemente de se objetivar uma única rede ou muitas interligadas. Ao longo dos *alons*, as organizações se expandiram e foram desenvolvidos equipamentos de rede mais sofisticados, criando-se o conceito de *Campus Area Network* (CAN), ligando múltiplos prédios num mesmo terreno, ou *Metropolitan Area Network* (MAN), ligando múltiplas localizações numa mesma cidade. Uma característica notável dessas redes é que geralmente têm altas velocidades de transmissão de dados, que podem variar de quatro megabits a um gigabit. O sinal pode ser transportado por meio de várias mídias, seja por cabeamento, seja sem fio.

b) Rede Remota (*Wide Area Network*)

As redes remotas (WAN) são redes que conectam uma ou mais LANs dispersas geograficamente. Tipicamente, a velocidade dos links das WANs pode variar de 56 kps a 45 mbs, embora as tecnologias continuem sendo desenvolvidas para aumentar a velocidade. A velocidade da conexão das WANs é um pouco inferior à da LAN, o que requer uma boa gestão dos recursos, para prevenir uma utilização excessiva dos links.

Propriedade das Redes

Com a penetração da Internet e o aumento dos dados compartilhados entre organizações, a propriedade das redes está se tornando uma discussão cada vez mais recorrente, especialmente no tocante à propriedade dos dados e à privacidade. As redes podem ser classificadas em privadas, públicas ou mistas, sendo que as públicas e privadas estão conectadas entre si.

a) Privadas

No caso de uma rede privada, apenas usuários dentro das organizações têm acesso aos recursos da rede. Os de fora não têm acesso aos recursos ou dados armazenados.

b) Públicas

Redes públicas são aquelas às quais qualquer um pode ter acesso, uma vez que o provedor da rede conceda o acesso apropriado. Exemplos de redes públicas incluem a Internet e vários outros provedores de rede públicos, como AOL, UOL, IG, etc.

c) Modelo misto

Um modelo de rede mista é aquele em que tanto as redes públicas quanto as privadas estão conectadas. Um exemplo é aquele em que a rede privada de um produtor é conectada às redes privadas de vários fornecedores por meio de túneis VPN, os quais são criados através da Internet. Nesse caso, os fornecedores e os produtores podem trocar dados porque eles compartilham acesso a uma rede pública (no exemplo, a Internet). Um outro exemplo: uma empresa de correio pode fornecer acesso a consumidores por meio de um site da Internet, que também está conectado ao sistema de entrada da empresa. Sem perceber, o consumidor pode estar fazendo uma entrada direta ao sistema de pedidos da empresa.

QUESTÕES DE REVISÃO

Visite uma empresa e faça um levantamento do que existe nela em termos de tecnologia da informação. Use a tabela abaixo como um guia.

Tipos de Computador	Em rede	Isolado	Total
386 ou inferior			
486			
Pentium ou superior			
Outros			
Total			

Descreva quais são as principais utilizações da rede de computadores da empresa (quem a utiliza e para quais finalidades). Como essa empresa se comunica com seus diferentes públicos (funcionários, clientes, fornecedores)?

QUESTÕES DO PROVÃO

Em sua última reunião de diretoria, a Cia. Aérea Pênalti S.A. resolveu utilizar o modelo de computação "cliente/servidor" para o seu sistema de reserva de passagens. Considerando ser essa decisão inovadora no segmento de passagens aéreas, o que levou a Pênalti a adotar esta política foi a intenção de:

a) criar um banco de dados descentralizado entre vários computadores;

b) criar um modelo de *call center* para atendimento mais rápido ao cliente;

c) utilizar o servidor corporativo da empresa para atender a todo o processamento do cliente;

d) dividir o esforço computacional entre os clientes e os servidores da sua rede corporativa;

e) reunir os clientes e funcionários da empresa através de uma Intranet.

Para aumentar a produtividade de uma empresa, o consultor João Cardoso sugeriu a utilização de processamento paralelo em seus computadores. O processamento em paralelo permite que:

a) a saída de um programa executado pelo primeiro de uma série de computadores, colocados um após o outro, seja executada pelo computador que vem a seguir;

b) diversos computadores, colocados um ao lado do outro, processem, ao mesmo tempo, diferentes partes da mesma tarefa;

c) diversos microcomputadores, colocados em paralelo, funcionem como um supercomputador;

d) mais de uma instrução de um determinado programa possa ser executada, ao mesmo tempo, por mais de um processador;

e) uma instrução de um determinado programa seja executada, ao mesmo tempo, por mais de um processador, para verificação de erros.

Resumo

- Os computadores passaram a representar de fato uma grande vantagem estratégica para as empresas a partir do momento em que surgiu a possibilidade de serem conectados em rede. Basicamente, uma rede de computadores é um conjunto de computadores conectados entre si e capazes de realizarem determinas tarefas em conjunto, como compartilhar arquivos.

- Um modelo de rede muito utilizado nas empresas é o chamado modelo cliente/servidor, em que o esforço computacional é dividido entre as estações de trabalho dos usuários finais (normalmente microcomputadores) e os servidores (computadores de grande porte – *mainframes*).

- Entre as várias aplicações de redes nas empresas, destacam-se: a facilitação do trabalho em grupo e da colaboração; a comunicação com os funcionários, a agilização e redução dos custos dos processos empresariais.

- Uma tendência para o futuro é o crescimento da utilização de redes sem fio (*wireless*), por sua praticidade e pela mobilidade que permite aos usuários. O comércio móvel (*m-commerce*) e as iniciativas de gestão do relacionamento com os clientes (CRM) são duas ações que se beneficiarão dessa tendência.

Notas

1. NOKIA *Annual Accounts* 2001.
2. NOKIA *Annual Accounts* 2001.
3. Dados da GE retirados de "Como voltar a crescer", Revista Exame, 13/8/2003.
4. IR Wireless definitions. searchNetworking.com Web site. http://searchnetworking.techtarget.com/sDefinition/0,sid7_gci293474,00.html
5. Sood, B. (2002). "Mobilizing the Enterprise: Developing A Wireless Strategy for Enterprise Systems", InformIT Online, October 25, http://www.informit.com/articles/
6. Deicmar Web site. Centro do Distribuição. http://www.deicmar.com.br/emp_cd.asp
7. Vieira, E. (2002). "Mangueira e Palm", Info Exame Online, maio, edição 194, http://info.abril.com.br/ie194/830_1.shl
8. "Seguradora enumera ganhos com workflow", (2003). InformationWeek Online, 6 de março, em: http://www.informationweek.com.br/noticias/artigo.asp?id=35662
9. Cerioni, T. (2003). "Fran's Café integra Wi-Fi a seu cardápio", Telecom Web site, 31 de março, em: http://www.telecomweb.com.br/noticias/artigo.asp?id=36369

10. Carvalho, J. (2003). "Hotéis Accor terão redes Wi-Fi", World Telecom Online, 27 de março, em: http://worldtelecom.idg.com.br/wt/internet/2003/03/0021
11. Oliveira, A. (2003). "VisaNet lança projeto wireless para cartão de crédito", IDG Now!, 19 de março, em: http://idgnow.terra.com.br/idgnow/telecom/2003/03/0022
12. Telesp Celular Web site. Waap services, em: http://www.waaap.com.br/
13. MacDermot, F. (2001). "Dialing for Profits", Latin Finance, March, 9 (3).
14. Unibanco Web site. Unibanco no seu celular. http://www.unibanco.com.br/

6

Desafios para os Sistemas de Informação: Privacidade de Dados e Segurança dos Sistemas

Abertura

No **Capítulo 6**, começamos a abordar alguns dos desafios envolvidos com a disseminação do uso de sistemas de informações nas empresas. É verdade que as novas tecnologias estão trazendo inúmeros benefícios para o processo de negócios, porém criaram também novos desafios para as empresas.

O capítulo aborda como tema central as questões relacionadas à privacidade e segurança dos dados dos clientes, bem como segurança dos dados das organizações, detalhando estratégias de proteção e, em caso de desastres, de recuperação e continuidade das atividades. Essas questões tornam-se cada vez mais prementes, uma vez que cresce a cada dia a dependência das empresas em relação aos sistemas de informação.

Ao longo do capítulo, você encontrará vários exemplos práticos dos assuntos abordados, bem como dois casos de **Vida Real**: Banco Santander e Receita Federal.

Objetivos de Aprendizagem

- Conhecer temas relacionados à privacidade e segurança dos dados utilizados em sistemas de informação;
- Aprender a desenvolver um plano de contingência para recuperação de desastres que envolvam destruição parcial ou total dos recursos de informática da empresa;
- Discutir aspectos relativos à qualidade dos sistemas e à sua segurança;
- Apresentar conceito de vírus e os principais tipos existentes.

6.1 Acesso a informações de negócios

Atualmente, as empresas detêm uma quantidade de informações como nunca antes. Isso é potencialmente interessante para construir relacionamentos de confiança com seus fornecedores e clientes, como já visto nos capítulos anteriores, mas também desperta um questionamento: será que elas estão preparadas para lidar com essa situação?

Uma pesquisa feita pela consultoria PriceWaterhouseCoopers e a revista InfoExame[1] revelou que 30% das empresas brasileiras ainda não têm qualquer preocupação com uma política de privacidade de seus dados. Mesmo entre aquelas empresas que já desenvolveram suas normas de privacidade há problemas. Muitos funcionários desconhecem essas normas, uma vez que 55,7% das empresas dentre as que afirmam ter uma política de privacidade dizem que divulgam as normas somente na hora da contratação. Em contrapartida, 25,5% das organizações já demitiram, pelo menos uma vez, por abuso no e-mail ou na navegação na Internet.

Em um sistema de *call center*, por exemplo, há um grande número de funcionários com acesso total a dados de clientes. Para coibir abusos, empresas, como a Credicard, estão adotando a tática de monitorar os *logs* nos sistemas em que são mantidos esses dados. Assim, como o acesso só é permitido via digitação de uma senha pessoal, sabe-se exatamente os dados que foram acessados pelo funcionário.

A Microsoft Brasil também fez investimentos pesados nessa área. No novo centro de testes da empresa, os funcionários que desejem acessar a área em que são feitas simulações com dados reais dos grandes clientes corporativos são submetidos a um sistema de biometria por reconhecimento facial[2].

Embora a legislação brasileira ainda não esteja acompanhando à altura os desenvolvimentos da Internet, há pareceres jurídicos que indicam que as empresas são formalmente responsáveis por tudo o que entra e sai de seus computadores.

Na Unimed aconteceu um caso interessante. Um funcionário que havia discutido com sua superior, aproveitou-se que a mesma tinha deixado seu computador ligado durante o horário de almoço para enviar uma mensagem ofensiva a várias outras funcionárias. Porém ela conseguiu provar que não era a autora da mensagem, e a investigação acabou revelando o culpado, que foi demitido[3]. Por essa razão, muitas empresas orientam seus funcionários a fazer o "log off", ou seja, des-

> Logs são arquivos que armazenam os registros de solicitações de uma máquina ou programa.

conectarem-se das redes corporativas nos momentos em que não estiverem efetivamente utilizando seus computadores. Outra alternativa é programar descansos de telas com senha, o que evita que uma outra pessoa utilize seu computador quando você está ausente de sua sala por algum tempo.

Muitas empresas estão utilizando sistemas avançados de proteção e segurança, como o controle de acesso por reconhecimento de íris, uma aplicação da biometria.

> **Biometria**
>
> Capacidade de os computadores e máquinas reconhecerem um ser humano por uma característica física, que não pode ser roubada ou emprestada.

A biometria é um grande avanço em relação às senhas, que podem ser decifradas por programas de computador ou descobertas sorrateiramente com a ajuda de uma câmera ou de um espelho. A confiabilidade do sistema[4] é atribuída à probabilidade estatisticamente nula de duas pessoas terem íris idênticas, que fica em dez^{78}. Quando uma íris é cadastrada, é feito um mapeamento total de sua superfície, que é transformado em um código, chegando a ter 400 pontos de reconhecimento, bem mais do que um sistema de digitais nos dedos, que chega a 60 pontos. A Telefônica Internet Data Center, do grupo Telefônica, usa esse sistema em sua filial brasileira, que guarda e gerencia gigantescos bancos de dados e centrais de processamento de algumas das maiores corporações do país. A Unimed Piracicaba já utiliza sistemas de reconhecimento das impressões digitais no momento em que os clientes chegam ao médico para suas consultas.

> No filme "Minority Report", Tom Cruise acaba tendo que "trocar" totalmente de olhos para não ser identificado.

Inicialmente idealizadas para controlar a entrada em portas e elevadores, as ferramentas de biometria já são amplamente utilizadas para proteger o acesso a sistemas de computadores. Com a queda dos preços desses tipos de dispositivos, eles vêm sendo instalados em computadores pessoais, podendo impedir que o equipamento seja ligado, ou até seletivamente barrar o acesso a determinados aplicativos ou arquivos na rede.

Porém mesmo as mais sofisticadas tecnologias não têm conseguido lidar com uma angustiante questão. Segundo estudos realizados, 31% dos problemas com segurança nas empresas foram causados por funcionários das próprias empresas, uma grande brecha se segurança[5]. Outro problema é que nem sempre os funcionários fazem isso intencionalmente.

VIDA REAL
Vazamento no Leão

O ex-presidente da República Fernando Henrique Cardoso passou por um grande constrangimento em 2000. Sua renda bruta em 1999 (declarada à Receita Federal em 2000), seu número de telefone particular e seu endereço estavam disponíveis em um CD-ROM, vendido no mercado negro em São Paulo por cerca de R$ 4.000. Além dos dados do presidente, o CD-ROM continha os dados de 17 milhões de contribuintes.

Em primeiro lugar, trata-se de uma evidente quebra de sigilo fiscal, o que, no Brasil, somente pode ser feito com autorização judicial. Mas o prejuízo desse vazamento pode ter muitas outras dimensões. Nas mãos de seqüestradores, por exemplo, esses dados podem servir de orientação para a negociação do valor de um resgate. Podem servir para um assassino encontrar sua vítima.

No CD-ROM com os dados vazados da Receita, é possível fazer uma pesquisa para saber quem são as pessoas que declararam, em 1999, mais de R$ 1 milhão de renda. Assim, obtém-se uma lista dos maiores contribuintes do país, com endereço completo, telefone, estado civil e relação de dependentes.

O caso do vazamento foi descoberto pela Polícia Federal, que inicialmente estava investigando uma denúncia feita pela Telefônica. Os dados da empresa, bem como da Telemar, também tinham sido alvo de venda ilegal. No total, foram divulgadas informações restritas de 8 milhões de assinantes da Telefônica e 3 milhões da Telemar.

No processo de investigação, a Receita Federal analisou um grupo de cem funcionários, que consultaram, sem motivação aparente, dados protegidos pelo sigilo fiscal. Esses dados ficaram registrados em seus *logs*. Cada um desses servidores suspeitos recebeu um ofício da Corregedoria-Geral da Receita, solicitando justificativas para o uso de suas senhas para acesso a informações sigilosas.

Após concluídas as investigações, ficou identificado que a origem do vazamento estava no Serviço de Processamento de Dados (Serpro), empresa responsável pelo processamento e armazenamento dos dados para a Receita Federal.

Elaborado pelos autores com base em informações extraídas das reportagens "Polícia apura furto de milhões de dados da Receita", O Estado de S. Paulo, 15/2/2000; "Camelô vende dados de assinantes da Telefônica", O Estado de S. Paulo, 2/6/2000; "Serpro admite responsabilidade por vazamento de dados do IR", O Estado de S. Paulo, 4/7/2000; "Laudos confirmam que dados sigilosos saíram da Receita", O Estado de S. Paulo, 15/4/2000.

6.2 Privacidade de Dados

Um dos assuntos mais importantes para gerentes, atualmente, é o gerenciamento da privacidade e da segurança de dados dos sistemas de informação. Um desafio-chave: como desenvolver sistemas abertos, que permitam o acesso de funcionários e membros da cadeia de suprimentos da empresa (fornecedores e clientes) a informações relevantes para suas necessidades, assegurando, ao mesmo tempo, níveis apropriados de segurança e privacidade?

6.2.1 Privacidade de Dados dos Clientes e Fornecedores

À medida que mais pessoas ganham acesso à Internet e usam o comércio eletrônico, os clientes tornam-se cada vez mais interessados na privacidade de seus dados fornecidos às empresas. Mesmo nas regiões em que o comércio eletrônico é um pouco mais maduro, tais como alguns países europeus e nos Estados Unidos, a privacidade de dados tem sido um assunto relevante. Em um estudo recente nos EUA, cerca de um terço (31%) dos examinados sentiram que seus dados pessoais estariam seguros em transações on-line[6]. De acordo com nova pesquisa conduzida por uma Comissão Especial da Irlanda, 56% dos adultos concordam com o sentimento de que "se você usar a Internet, sua privacidade está ameaçada"[7].

Clientes e fornecedores querem a garantia de que seus dados, tais como endereço, números de telefones, números de cartões do crédito, CPF, números de contas do banco e os detalhes de suas transações, permaneçam seguros e guardados pelas empresas com que negociam. E este interesse não se restringe somente às transações feitas on-line. Sempre que as empresas usam sistemas de informação para apoiar suas atividades de negócio, há um risco de invasão da privacidade dos dados do cliente. Pense no que acontece em um jantar num restaurante: quando seu

> O que as empresas com as quais você negocia fazem com os seus dados pessoais, tais como os números de seus cartões de crédito ou os dados de sua conta no banco?

cartão de crédito é lido e os dados transmitidos à empresa que processa sua compra, você quer confiar que a empresa está protegendo o número de seu cartão. Você quer ter certeza de que o funcionário que está fazendo a transação não copie o número de seu cartão de crédito para seu uso pessoal – de fato, roubando sua identidade. Os *stakeholders* querem garantias de que as empresas com que interagem, virtuais ou não, protejam e respeitem a privacidade de dados.

Em conseqüência do aumento da atenção dedicada à privacidade de dados, atualmente, mais sites disponibilizam links para suas políticas da privacidade. Muitas empresas reconhecem que os clientes querem saber quando, para que e por quem seus dados serão usados. Por exemplo, o site do Planeta Imóvel (www.planetaimovel.com), portal para comprar e vender imóveis, indica sua política de privacidade em sua *homepage*. Quando você clica nesse link, a empresa explica suas políticas relacionadas aos endereços do IP, *cookies*, anúncios e propaganda, registos do cliente, serviços de e-mail, segurança e links para outras páginas[8]. Também no Panorama Brasil, um site de notícias (www.panoramabrasil.com.br), há um link sob a categoria "Institucional", na parte inferior. Clicando no link "Sua Privacidade", aparecem informações sobre como a empresa usará a informação, o tipo de informação que coleta, além de fornecer um endereço de e-mail para visitantes do site que queiram fazer perguntas sobre a política adotada[9]. A homepage da C&C – Casa & Construção – apresenta também um link para a política de privacidade da empresa. Essa página explica o uso da criptografia, discute as atitudes da empresa sobre privacidade, confiança e respeito e apresenta o tratamento de segurança dos dados do cartão de crédito[10].

Ter uma política de privacidade e torná-la visível no site de sua empresa é um passo importante. Ela deve conter todos os procedimentos concernentes à privacidade dos dados dos clientes e suas transações. Empresas como a Digitrust, o UniCERT, o CertiSign (VeriSign) e a Internet Segura promovem serviços de garantia dos processos de negócio e dos controles internos usados por uma empresa em seu site. Essas empresas revêem os processos usados, a segurança fornecida, a integridade e os controles sobre o sistema de informação usado no processamento das transações. Quando uma empresa está em conformidade com os padrões estabelecidos por essas empresas de garantia dos dados, recebe, normalmente, um selo em seu site, indicando que aquele site merece confiança. O Americanas.com, C&C, Saraiva, Shoptime.com e o Submarino são algumas

Estes selos indicam que os processos e as transações de um site têm padrões mínimos da privacidade e da segurança.

O selo UniCERT.

O selo CertiSign.

O selo Digitrust.

das varejistas on-line que usam os serviços das empresas de gestão da segurança da informação.

Um pensamento final sobre a privacidade de dados dos clientes e fornecedores. Todos os controles internos, as boas práticas de negócio e as revisões feitas por terceiros não adiantarão se houver alguma falha interna, com os próprios funcionários da empresa. Não importa em que nível da empresa atuem, funcionários com direito de acesso ou autorização para trabalhar com dados confidenciais dos *stakeholders* devem ter integridade, honestidade e comportamento ético em suas atividades. Como conseguir profissionais com essas características? Há algumas sugestões:

- realize um nível apropriado de investigação sobre os antecedentes dos funcionários em perspectiva;
- remunere competitivamente e estabeleça um bom plano de benefícios;
- ofereça oportunidades para o desenvolvimento e o crescimento profissional de seus funcionários;
- faça com que os executivos de mais alto nível dêem o exemplo, bem como todas as práticas de negócio da empresa estejam dentro dos padrões éticos esperados;
- confie e respeite seus funcionários, fazendo com que sejam responsáveis por suas ações.

6.2.2 Privacidade de Dados dos Funcionários

Pode ser que esse não seja um assunto ainda muito importante no contexto brasileiro, pelo menos não tanto quanto em outras partes do mundo, mas em breve a questão do monitoramento corporativo do uso dos sistemas de informação pelos funcionários deverá entrar na pauta dos executivos de nosso país. Esse monitoramento não se restringe à Internet, embora esta ainda seja o maior foco de atenção. Monitorar funcionários com a finalidade de avaliação do desempenho ou de produtividade parece ser menos ofensivo. Mas algumas empresas monitoram os acessos dos funcionários aos seus bancos de dados, os sites que eles visitam e até mesmo os e-mails que enviam pelo sistema da empresa.

Alguns gerentes consideram o monitoramento como uma prática normal e positiva. Esses gerentes normalmente assumem a posição de que a tecnologia de informação pertence à empresa, e seu uso durante o horário de expediente deve ser restrito ao negócio e seguir rígidas políticas que definem o que é o uso aceitável. Essas políticas geralmente apresentam aos funcionários exemplos dos usos aceitáveis da tecnologia de informação da empresa e de uso impróprio, tais como usar o sistema de e-mail para enviar mensagens obscenas ou racistas, acessar sites pornográficos, ou mesmo fazer downloads não autorizados de jogos, por exemplo.

Os gerentes também têm outra razão para se interessar pelo monitoramento do funcionário. De acordo com uma pesquisa feita pela Módulo, uma firma brasileira de consultoria de segurança de sistemas de informação, 31% dos ataques aos sistemas vêm dos próprios funcionários. Um pouco mais do que a metade (53%) das empresas pesquisadas disse que funcionários descontentes são a maior ameaça à segurança de seus sistemas de informação[11]. Então, não é propriamente uma surpresa que os gerentes de TI e outros executivos estejam interessados em usar sistemas de monitoramento eletrônico para acompanhar o uso dos sistemas de informação pelos funcionários.

Ressalte-se que, caso os gerentes de uma empresa decidam que irão adotar o monitoramento, o melhor a fazer é tornar isso explícito e amplamente comunicado aos funcionários. Todos devem saber que são monitorados e as razões para tanto. Entretanto, as leis existentes sobre o monitoramento corporativo ainda são confusas e, em alguns casos, parecem ser contraditórias.[12,13] Por isso, recomendamos que os gerentes consultem especialistas jurídicos sobre o assunto antes de desenvolver suas políticas.

6.3 Segurança de Recursos dos Sistemas de Informação

6.3.1 Informação

O uso crescente da tecnologia nos processos de negócio vem gerando um fenômeno comum: dependência. Para verificar isso, basta estar em uma empresa no momento em que ocorre uma súbita interrupção no fornecimento de energia, causada por um raio, por exemplo. Ouve-se claramente um lamento coletivo, de todos aqueles que perderam seus trabalhos, que não haviam sido devidamente salvos. Ou simplesmente a reclamação de quem estava correndo para cumprir seus prazos.

A dependência estende-se para uma área crucial das empresas: os bancos de dados. O repositório dos dados está sendo considerado cada vez mais parte vital dos negócios. O fenômeno da dependência e a necessidade de preservação dos dados criou um setor inteiramente novo: os "hotéis de luxo do ciberespaço"[14]. São instalações que oferecem um local para armazenamento dos dados de terceiros, que agregam serviços confiáveis de telecomunicações, estão equipados com instalações anti-roubo e antifraudes, defendem-se de ataques de vírus ou hackers e são à prova de inundações, incêndios, variações de temperatura ou falta de energia elétrica.

A IBM instalou um local assim em seu complexo industrial em Campinas. O nome técnico é *Business Continuity Recovery Service*, que na prática é um escritório clone. As empresas usuárias do serviço têm à sua disposição um escritório clone montado com todas as suas principais informações intactas para a retomada das operações imediatamente após qualquer tipo de emergência. A segurança das máquinas é garantida pela redundância dos equipamentos de refrigeração e alimentação elétrica, de forma a impedir a paralisação. Os servidores são especiais porque têm de dar conta de serviço ininterrupto.

Imagine a situação da Merril Lynch, que tinha sua sede no World Trade Center, em Nova Iorque. Após o atentado de 11 de setembro de 2001, a empresa poderia ter simplesmente parado de funcionar. Porém não ficou um dia sequer sem atividade. Tamanha capacidade de recuperação só foi possível porque a empresa tinha estocado suas informações em bancos de dados distribuídos por vários pontos do planeta.

Bancos de Dados Distribuídos

Um banco de dados completo ou partes dele são mantidos em mais de uma localização. Os bancos de dados distribuídos podem ser replicados (integralmente reproduzidos em outros locais) ou particionados (parcialmente reproduzidos em outros locais).

Com isso, a Merril Lynch conseguiu escapar ilesa do ataque de larápios que andaram ligando para a companhia tentando fazer-se passar por seus clientes para movimentar contas[15]. O Bradesco mantém os dados de cada cliente armazenados na sede da Cidade de Deus, em Osasco, e duplicados em um *datacenter* próprio, em Barueri, SP.

Apesar das vantagens, manter o banco de dados em vários locais envolve uma certa complexidade. A atualização, normalmente feita por telecomunicações, sempre traz um grau de vulnerabilidade. Há também a questão do possível acesso por terceiros aos dados sensíveis da empresa.

Outra providência básica para a segurança dos dados é a prática de realizar continuamente backups ou cópias de segurança. A Tabela 2 mostra os tipos mais comuns de backup.

Tabela 2
Formas de Backup

Tipo	Características
Normal	Grava todos os arquivos e pastas escolhidos pelo usuário. Limpa todos os marcadores, mas não procura por eles nos arquivos, ou seja, tudo é gravado, mesmo que não tenha sido alterado;
Cópia	Grava todos os arquivos e pastas selecionados, porém não limpa nem procura por marcadores;
Diferencial	Busca os arquivos que foram alterados. Não limpa os marcadores;
Incremental	Grava apenas os arquivos e pastas selecionados por um marcador;
Diário	Grava todos os arquivos alterados naquele dia. Não procura nem limpa qualquer tipo de marcador.

Cada tipo de backup tem pontos positivos e negativos. Normalmente, a melhor opção é montar uma estratégia de backup que combine duas ou mais das formas mencionadas, de modo a se obter um backup eficaz e fácil de ser recuperado.

Além dos backups, algumas empresas estão investindo em sistemas de recuperação de arquivos. São programas capazes de restaurar dados que foram perdidos involuntariamente.

Outra providência importante para as empresas é a manutenção de um Plano de Contingência, ou seja, um roteiro para as pessoas seguirem quando estão diante de um problema de graves proporções. Esses planos incluem estratégias para gestão do risco de se perder os dados. Primeiro, a empresa identifica quais são os dados que estão em risco, depois determina o seu valor e, então, usa essas informações para definir quais recursos devem ser gastos para reduzir o risco a um nível aceitável.

> **Plano de Contingência**
>
> Procedimentos a serem seguidos pelos funcionários em casos de emergências ou acidentes, tais como para onde ir, com quem falar, o que fazer.

A Americanas.com, por exemplo, adotou um sistema de recuperação de desastres para não interromper o serviço dos mais de 300 mil usuários cadastrados no site[16]. Sobre planos de contingência, veremos mais detalhes na seção 6.4.

6.3.2 Software

Qualidade do Sistema

Existe um paradoxo para os produtores de software. Os programas estão ficando cada vez maiores, pois precisam embutir muitos aspectos que os tornem mais amigáveis aos usuários, bem como novas funções. São, portanto, cada vez mais complexos. Essa complexidade acaba se tornando responsável pela crise permanente dos produtores de software: os programas estão cada vez maiores, porém torna-se mais difícil fazê-los funcionar adequadamente.

Estudos mostram que o projeto de um software comercial médio requer, normalmente, 50% mais tempo para ficar pronto do que o previsto, e que um projeto em cada quatro é abandonado[17]. Considera-se uma conquista quando se consegue manter a quantidade de *bugs* graves suficientemente reduzida para que o programa funcione corretamente a maior parte do tempo.

> Bugs são falhas internas nos softwares, que os tornam vulneráveis.

Um projeto de desenvolvimento de software, como o de um produto qualquer, envolve uma fase de prototipagem e testagem. Quanto mais tempo se gasta nos testes, maior é o nível de qualidade do programa. Há um ponto em que não vale a pena testar mais, pois os ganhos de qualidade se tornam insignificantes. Entretanto, a indústria do software tem usualmente pecado pelo outro lado, lançando os produtos muito antes que os mesmos tenham alcançado um nível adequado de qualidade.

Fazem isso utilizando principalmente as chamadas versões "demo" ou "beta". São versões distribuídas pelas empresas para alguns usuários, na esperança de que os mesmos acabem encontrando alguns dos *bugs* remanescentes. Não custa lembrar que os testes betas foram criados, originalmente, por reis do mundo antigo, cujos mordomos experimentavam cada prato do cardápio antes. Assim, quem morria era sempre o provador, e o rei sempre tinha a chance de convocar um novo testador para seus "programas".

Brincadeiras à parte, o fato é que softwares que não funcionam corretamente causam grandes prejuízos para as empresas. Estes vão desde danos materiais ao desperdício do tempo dos funcionários, que ficam sem ter o que fazer enquanto seus programas não funcionam.

Há uma polêmica sobre o nível de exigência a se colocar para as empresas de software. Trata-se de uma questão que precisa ser abordada sob diferentes perspectivas. Em termos éticos, é preciso se definir qual é o momento apropriado para se liberar um software para o consumo. Em termos sociais, é necessário que se estabeleçam consensos quanto ao nível aceitável de falhas nos sistemas, uma vez que eles jamais serão infalíveis. Se houver pressão demais em cima dos fabricantes de softwares, eles podem se sentir desestimulados a realizar novos investimentos, o que pode acabar resultando em menor ritmo de progresso e desenvolvimento tecnológico para uma sociedade. Em termos políticos, é preciso se definir uma legislação adequada para tratar dessas questões especificamente, bem como quais são os padrões mínimos a serem cumpridos pelas empresas fabricantes (um Inmetro para softwares, talvez?).

A Ford tem um episódio triste que acabou marcando a sua história para sempre. Ao lançar uma nova linha de carros, os Ford Pinto, engenheiros da companhia sabiam que os tanques de gasolina que os equipavam eram inseguros. Porém, deliberadamente, decidiram que seria mais barato indenizar os herdeiros dos mortos do que gastar alguns poucos dólares a mais por carro para melhorar a segurança de seus tanques[18]. Curiosamente, recentemente circulou uma história na Internet que pode ser uma revanche da indústria de carros à indústria de software. Reproduzimos essa história no Quadro 3.

Vírus

Os vírus de computador são programas que agem de forma a produzir uma ação não determinada pelo usuário, inesperada, muitas vezes danosa, seja apagando informações importantes, seja prejudicando o funcionamento da máquina. O nome vírus foi escolhido porque esses programas possuem a característica de se multiplicar. Eles se "copiam" ou se agregam a outros programas, espalhando-se como em uma infecção.

Quadro 3
Resposta da GM à Microsoft

Numa feira de informática, Bill Gates comparou a indústria de computadores com a automobilística e declarou: "Se a GM tivesse evoluído tecnologicamente tanto quanto a indústria de computadores evoluiu, estaríamos todos dirigindo carros que custariam 25 dólares e que fariam 1.000 milhas por galão (o equivalente a 420 km/litro)".
Recentemente, a General Motors divulgou os seguintes comentários a respeito dessa declaração:

SE A MICROSOFT FABRICASSE CARROS:

1. toda vez que repintassem as faixas das estradas você teria que comprar um carro novo;

2. ocasionalmente seu carro morreria na auto-estrada sem nenhuma razão aparente, e você teria apenas que aceitar isso, religá-lo e seguir em frente;

3. ocasionalmente, a execução de uma manobra faria com que seu carro falhasse e parasse, e você teria que instalar o motor. Por alguma estranha razão, você aceitaria isso também;

4. você poderia levar apenas uma pessoa dentro do carro de cada vez, a menos que você comprasse o "Carro 98" ou o "Carro NT". Mas depois você ainda teria que comprar mais assentos;

5. a Apple/Macintosh faria um carro movido a energia solar, confiável, cinco vezes mais rápido e duas vezes mais fácil de dirigir. Só que ele poderia rodar em apenas 5% das estradas;

6. os proprietários de carros Macintosh poderiam conseguir caríssimos "upgrades" para carros Microsoft, o que faria seus carros rodarem muito mais lentamente;

7. os indicadores luminosos de falta de óleo, gasolina, bateria e problemas com arrefecimento seriam substituídos por um simples "Falha geral no carro";

8. os novos assentos obrigariam todos a ter o mesmo tamanho de "bozó" (nádegas);

9. o airbag perguntaria "Tem certeza?" antes de entrar em ação;

10. no meio de uma descida pronunciada, quando você estivesse com o ar-condicionado, o rádio e as luzes ligados ao mesmo tempo, ao pisar no freio apareceria uma mensagem do tipo "Este automóvel realizou uma operação ilegal e será desligado";

11. se desligasse seu carro Windows 98 utilizando a chave, sem antes ter desligado o rádio ou o pisca-alerta, quando fosse ligá-lo novamente, ele iria checar todas as funções do carro durante meia hora, e ainda lhe daria uma bronca por não tê-lo desligado corretamente;

12. ao comprar seu carro Windows 98, mesmo que você preferisse o "Netscape Road Navigator", ele viria com o Microsoft Road Explorer.

Fonte: Anônimo, circulou na Internet em 2002.

Em 2001, 94% das empresas americanas detectaram vírus em seus sistemas. Destes, 87% chegaram por e-mail. Muitos vêm com chamadas sugestivas em suas "linhas de assunto", tais como "confira as fotos de Angelina Jolie em uma foto supersexy". A recuperação do vírus I Love You, que circulou em 2000, custou US$ 960 milhões, e as perdas de produtividade chegaram a US$ 7,7 bilhões. Essas perdas incluem o tempo em que os funcionários deixaram de produzir, devido ao fenômeno da dependência tecnológica, apresentado em 6.3.1.

Estudos do ICSA Labs indicam que o volume de contágios por vírus saltou de 20 em cada grupo de mil máquinas por mês, em 1996, para 113 contaminações por lotes de mil computadores em 2002, um crescimento de 465% no período[19].

Em 18/9/01, o grupo Paranapanema[20] foi afetado pelo vírus Nimda, que deixou seus 3 mil funcionários sem acesso aos computadores por 45 minutos. Os 20 integrantes da presidência e da alta diretoria, localizados no Rio de Janeiro, ficaram um dia e meio sem conexão com as quatro empresas da corporação, em São Paulo, Minas Gerais e Bahia. Não se pode dizer que a empresa estava despreparada, pois somente com proteção antivírus, o grupo gasta R$ 150 anuais por micro. O gasto anual chega a R$ 450 mil. Mas o ataque foi desferido a partir do laptop de um funcionário, que acessou seu e-mail utilizando a linha telefônica de sua casa, escapando ao filtro que protege a rede corporativa do Paranapanema.

Sites de fabricantes de antivírus:
www.symantec.com
www.vmyths.com
www.sherpasoft.org.uk
www.mcafee.com
www.modulo.com

Para lidar com os vírus, foram desenvolvidos os antivírus. São programas que trabalham de forma terapêutica, detectando e removendo os vírus já existentes em uma máquina, ou preventiva, evitando que ela seja contaminada por outros vírus. Os antivírus têm a capacidade de isolar os programas infectados e remover os vírus. Essa ação pode ser feita de duas maneiras: extraindo o vírus do arquivo e mantendo o arquivo original (quando possível) ou eliminando inteiramente o arquivo infectado. Para que mantenha sua eficiência, o programa antivírus deve ser atualizado constantemente. Atualmente, eles já vêm com uma rotina de atualização automática pela Internet, ou seja, toda vez que um usuário do antivírus se conecta à Internet, o programa verifica no servidor da empresa que o produz se existe alguma atualização disponível. Se for o caso, ela é automaticamente instalada e o programa fica, assim, atualizado.

A Tabela 3 mostra os principais tipos de pragas eletrônicas da atualidade.

Tabela 3
Principais Pragas Eletrônicas da Atualidade

Nome	Características
Backdoor	Vírus que permite o controle remoto do computador por meio de uma de suas portas;
Boot	Infecta o registro mestre do sistema, o *Master Boot Record – MBR* – dos discos rígidos ou a área de boot (*boot sector*) dos disquetes. Essas áreas afetadas são as primeiras a serem executadas, antes de qualquer outro programa. Têm um alto poder de destruição do sistema;
Worm	O que diferencia um worm (verme) de um vírus é a sua capacidade de se reproduzir de um sistema para outro sem precisar usar um arquivo hospedeiro, ou seja, conseguem criar cópias a partir de si mesmos;
Executável	Ataca os aplicativos dos arquivos executáveis, fato que o faz ser considerado a praga mais prejudicial existente;
Mutante	É programado para alterar a si mesmo a cada execução do arquivo contaminado. Isso é feito para dificultar sua detecção por antivírus;
Macro	Ataca as macros, que são os códigos executáveis utilizados em processadores de texto ou planilhas eletrônicas, normalmente para poupar o usuário de realizar tarefas repetitivas. Podem desabilitar algumas funções desses programas;
Cavalos de Tróia	Os *trojans* são programas aparentemente saudáveis, mas que carregam consigo o código de um vírus. Seus efeitos são variáveis, desde o controle remoto do micro até capturar senhas presentes no computador e mandá-las para um e-mail;
Script	Vírus programados para executar comandos sem a influência do usuário;
Criptografado	O vírus criptografado tem sua assinatura modificada para tornar mais difícil a sua detecção.

6.3.3 Hardware

Erros de processamento

A segurança do hardware pode ser feita pelo próprio equipamento, mediante controles embutidos especialmente para verificar a precisão do processamento do computador. O'Brien[21] menciona três tipos desses equipamentos:

- circuitos de detecção de falhas – um exemplo são as verificações de paridade, que são realizadas para verificar se houve perda do número correto de bits em cada byte de dados transmitidos por uma rede;

- componentes redundantes – alguns elementos do hardware, como cabeças de leitura e gravação, por exemplo, servem para verificar e promover a exatidão dessas atividades;
- microprocessadores de finalidades especiais e circuitos associados – são utilizados para diagnosticar e corrigir problemas a distância.

Roubos e danos

O advento do uso dos microcomputadores trouxe outra questão de segurança para as empresas. Como os equipamentos são caros e, muitas vezes, pequenos, começaram a ser roubados. Há casos de empresas que constataram que funcionários abriam os micros para roubar um pente de memória RAM, deixando suficiente memória para o micro continuar funcionando. Tendo em vista o alto custo da memória RAM, era um bom negócio.

Os próprios micros passaram a ser alvos de assaltos e, recentemente, têm crescido bastante os casos de invasões a prédios públicos e a universidades, atrás de seus computadores. Por isso, é essencial que as empresas incluam em suas apólices de seguro os equipamentos de informática.

O seguro deve incluir não somente a hipótese de roubo, mas também a de danificação dos equipamentos por outras causas, como inundações, incêndios ou raios. Muitos equipamentos de hardware, sobretudo os utilizados em redes e telecomunicações, são muito sensíveis a variações na energia.

6.3.4 Redes

Na AOL Brasil, cada funcionário recebe duas contas de e-mail, uma exclusiva para o trabalho e outra para uso pessoal. A conta "profissional" é sujeita a monitoramento do uso pela empresa[22]. Similarmente, na rede da Computer Associates, cada vez que um funcionário se conecta, recebe uma lembrança de que os recursos ao seu dispor devem ser usados apenas para o negócio da empresa e que suas atividades podem ser monitoradas.

Há duas questões básica envolvidas. Uma é de ordem mais técnica. Os recursos das redes, embora progressivamente mais potentes, são restritos. Assim, funcionários que entopem seus e-mails com lixo eletrônico e acessam sites não relacionados aos negócios na Internet acabam prejudicando os recursos disponíveis para aqueles que estão efetivamente utilizando os recursos da rede para trabalhar.

A outra é de ordem ética e, portanto, mais complexa de ser respondida. Ética diz respeito também a comportamentos coletivamente construídos, que se incorporam a uma sociedade com o tempo. O pouco tempo de uso disseminado das novas tecnologias ainda não permitiu que se estabeleçam consensos sociais quanto aos seus usos adequados. Muitas pessoas, por exemplo, jamais cogitaram de chegar em suas empresas, tirar um baralho do bolso e começar a jogar. Porém não vêem problemas em jogar paciência no seu micro.

Evidente que não fosse o micro, as pessoas poderiam estar desperdiçando seu tempo de outras formas, como lendo jornal no banheiro, parando seguidamente para tomar café ou, ainda, para fumar um cigarro. A questão não se restringe à tecnologia, portanto, mas a diferentes abordagens empresariais sobre o assunto. Existem aquelas empresas que procuram confiar integralmente nos funcionários e avaliá-los somente pelos resultados, como é o caso da Americanas.com. Seu CIO, German Quiroga, afirmou que "se o funcionário der conta de tudo o que tem para fazer e ainda tiver tempo de navegar, não há problema"[23]. O Submarino, outro site de comércio eletrônico, tem uma postura oposta. Seu diretor técnico explica: "Já fomos extremamente liberais, mas começamos a restringir o acesso por questões de banda e de segurança"[24].

Demissão na Ford[25]

Em 6/06/02, a Ford brasileira demitiu dois funcionários por justa causa, por terem enviado um e-mail com uma brincadeira para outros funcionários, com conotação sexual. Embora para muitos brasileiros a brincadeira fosse algo normal, o e-mail foi parar na caixa postal eletrônica de uma funcionária no Canadá, que se sentiu ofendida e recorreu a uma Comissão Interna, que acabou determinando a demissão dos dois brasileiros.

Ambos os demitidos afirmam que não repassaram o e-mail para a funcionária canadense, que nem conheciam, e que provavelmente uma terceira pessoa o tenha feito, usando o terminal, que ficava "aberto" (conectado na rede). Em sua defesa, os funcionários alegaram também que tinham sido transferidos do setor de produção para o de logística e não tinham recebido treinamento suficiente para lidar com computadores. A demissão foi mantida, mas eles pretendem recorrer à Justiça.

Uma proteção comum para uma rede é o firewall. Este pode ser tanto um hardware como um programa especializado em controlar o fluxo de informações entre dois ambientes computacionais distintos, como, por exemplo, uma rede local e a Internet. Ele é colocado entre ambos. A intenção é evitar invasões da rede corporativa por pessoas de fora.

Os firewalls podem ser usados para controlar várias coisas, desde o acesso de um usuário a um determinado arquivo até os tipos de sites que podem ser visitados pelos empregados de uma companhia.

Recentemente, os firewalls estão ganhando novos usos, incorporando funções de antivírus, autenticação e detecção de intrusos.

VIDA REAL
É só emprestado, não é seu...

O Grupo Santander Brasil S.A. está presente em 42 países, com mais de 35 milhões de clientes. No Brasil, está em 14 estados, com 1.888 agências.

Entre suas políticas, o Santander se destaca por um controle rigoroso do uso de seus sistemas de informação, tendo em vista que as informações sobre os clientes e as comunicações eletrônicas são consideradas pelo Banco elementos vitais para a consecução de suas estratégias.

Os usuários dos sistemas dos bancos são considerados responsáveis por todas as comunicações em que estejam envolvidos, bem como pelos registros daí resultantes. O Banco considera a comunicação eletrônica, os sistemas de informação e equipamentos afins como propriedade do Santander, assim como toda a informação residente ou gerada por esses sistemas. Os funcionários assinam um termo de compromisso concordando que o Banco pode, a seu critério, inspecionar, utilizar ou divulgar as comunicações e informações geradas por eles, sem aviso prévio. O alerta é claro: "Você não deve ter nenhuma expectativa de privacidade pessoal associada ao uso do sistema".

O acesso não autorizado aos sistemas é uma das grandes preocupações do Santander. Os usuários autorizados são orientados a tomar o máximo de cuidado com o uso e o gerenciamento das senhas requeridas, as quais a instituição não autoriza que os usuários divulguem.

Outro alerta emitido pelo Banco: "Os sistemas são destinados exclusivamente aos negócios do Banco. Você não pode utilizar os sistemas para auferir vantagem pessoal ou para outros fins que não a condução dos negócios do Banco. Para o Santander, a utilização dos sistemas deve ser metódica, atenciosa e podida, obedecendo às leis e regulamentos de cada país, tais como aquelas que se aplicam a marcas comerciais, direitos autorais, divulgação de material obsceno ou ameaçador, informação confidencial ou segredo comercial".

Finalmente, o Banco alerta: "Utilizar sistemas do Santander é um privilégio. Mas a utilização inadequada pode resultar em ação disciplinar, inclusive no término do contrato de trabalho. Além disso, a não observância das diretrizes aqui expostas pode sujeitar o Banco e você, usuário individual, à penalização e mesmo a sanções legais".

Como objetivos declarados dessa política, o Santander aponta que nenhuma informação confidencial ou proprietária seja liberada na Internet; que os negócios do Santander não sejam comprometidos; que os interesses dos usuários também estejam protegidos; que a autorização de acesso seja individual e intransferível.

Elaborado pelos autores com base em entrevistas com executivos do Banco.

6.4 Ameaças ao Sistemas de Informações e Sugestões para Recuperação

Um outro desafio relacionado a sistemas de informação é o apresentado pela interrupção dos sistemas causada por forças internas ou externas. Por exemplo, um vírus descontrolado pode inutilizar um banco de dados de uma empresa. Sem um *backup* atual deste, as atividades do negócio poderiam ser comprometidas. Um funcionário pode acidentalmente apagar registros de um cliente, um disco de backup pode ser sobrescrito por arquivos novos, ou as fórmulas de uma planilha podem ser alteradas por algum novato inexperiente. Um funcionário descontente poderia destruir intencionalmente os bancos de dados, os softwares ou os *backups*. O *hardware* pode falhar, ou a rede local da empresa pode passar por um período de mau funcionamento. Os funcionários de tecnologia de informação (TI) da empresa poderiam cometer erros inocentes ou intencionais ao programarem o software ou trabalharem para atualizar as redes da empresa.

Ameaças de fora da empresa podem vir de fontes igualmente variadas. Desastres naturais, tais como inundações e tempestades, podem danificar as instalações dos sistemas de informação. A eletricidade pode ser interrompida por causa de um problema na estação geradora ou na central de força. Atualizações de software baixadas da Internet podem ter falhas e não funcionar corretamente. Os fornecedores de telecomunicações podem ter problemas em seus próprios sistemas, resultando

> O "denial of service" é um tipo de ataque feito por hackers a sistemas de comércio eletrônico, que consiste basicamente em sobrecarregar o servidor com uma série de falsos pedidos de transações.

no rompimento no fluxo dos dados entre a empresa e seus fornecedores, clientes, funcionários ou parceiros de informação. Usuários desautorizados podem tentar alcançar bases de dados sensíveis ou render o sistema de comércio eletrônico com um ataque de *"denial of service"* ao servidor da empresa.

Não importa qual seja a fonte do problema, é crucial que as empresas respondam efetivamente a essas ameaças a seus sistemas de informação e a suas operações. Qual é o impacto de uma falha dos sistemas de informação para o negócio? Considere o seguinte:

- perda de receita e de clientes;

- danos à imagem e à credibilidade corporativa;

- multas contratuais;

- desvantagem competitiva;

- comprometimento da capacidade de sobrevivência da empresa[26].

Como as empresas podem se recuperar dos desastres? Um dado freqüentemente citado em uma pesquisa feita pelo Gartner Group, consultoria americana na área de tecnologia de informação, indica que 40% das empresas que sofrem desastres não conseguirão se recuperar de forma satisfatória e encerrarão suas operações dentro de cinco anos.[27] Portanto, faz muito sentido manter um plano de contingência operacional para recuperação de desastres. Nesta seção, discutiremos algumas fontes de ameaças para cada um dos componentes maiores dos sistemas de informação da empresa ao mesmo tempo, identificamos maneiras para deter, detectar ou limitar os danos ao sistema e às operações da empresa.

6.4.1 Hardware

Todos os tipos de hardware (dispositivos de entrada, processamento, dispositivos de saída e de armazenamento) têm risco da perda, pois ele pode ser fisicamente danificado ou destruído por desastres naturais, como inundações, raios, chuva. Podem ser perdidos por roubo (seja por ladrões profissionais, seja pelos próprios funcionários). Problemas com a fonte de eletricidade (picos de energia) da empresa podem danificar ou destruir o equipamento. Além disso, o hardware pode sofrer falhas de componentes internos em conseqüência de defeitos de fabricação.

O que uma empresa deve fazer para minimizar o tempo parado, continuar as atividades de negócio e se recuperar de tais perdas? Estão aqui algumas sugestões:

- como uma medida preventiva, fixar o hardware em locais afastados das fontes do calor e de água;
- manter acordos de manutenção com os vendedores de hardware, que prevejam rápido tempo de resposta e a possibilidade de equipamentos substitutos temporários;
- certificar-se de que seus planos de seguro estão atualizados e incluem os custos de reposição de hardware;
- desenvolver procedimentos alternativos para executar tarefas do negócio sem hardware (por exemplo, criando atividades baseadas no papel).

6.4.2 Software

Quais são os riscos para o software da empresa? Pode ser copiado ou roubado. Pessoas que não deveriam podem acessá-lo. Os programas desenvolvidos internamente podem ter conflitos com sistemas comprados. Um programador de computador dentro da empresa pode alterar fraudulentamente as aplicações de modo a ter benefícios financeiros, como o aumento de seu salário ou a redistribuição da entrega de bens da empresa a um comparsa. O software pode ser danificado ou destruído por um vírus, colocado intencionalmente ou espalhado inocentemente por um funcionário. O software desenvolvido internamente pode conter erros não descobertos durante a fase de testes.

Como as empresas podem proteger seus recursos de software? Eis alguns passos para impedir, detectar e limitar suas perdas:

- podem empregar sistemas de biometria para restringir o acesso às várias aplicações do software;
- as cópias mestras dos softwares devem ser armazenadas em local seguro, para o caso de necessidade de reinstalação;
- softwares comprados devem ser registados com o vendedor e os contratos de manutenção devem ser mantidos, de modo que a empresa tenha acesso 24 horas à ajuda de especialistas;
- a informação técnica sobre o software deve ser analisada, para identificação de potenciais conflitos com outras aplicações ou softwares já existentes na empresa;

- os planos de seguro devem estar atualizados e prever os custos de reposição de software;
- os softwares desenvolvidos internamente não devem ser modificados sem a autorização de um gerente do TI e do gerente daqueles que usarão a aplicação;
- os softwares desenvolvidos internamente devem ser documentados e testados amplamente, antes de seu uso;
- uma versão atual do antivírus deve ser rodada todas as vezes, verificando não somente os arquivos de dados, mas também os softwares;
- no caso de uma perda do software, devem ser desenvolvidos procedimentos que permitam que a empresa continue funcionando.

6.4.3 Bancos de Dados

Os arquivos de bancos de dados estão sujeitos a ameaças similares àquelas dos softwares. Os vírus podem alterar ou destruir os dados, usuários podem mudá-los, intencionalmente ou acidentalmente, suprimi-los ou utilizar indevidamente dados pessoais de um cliente. Os hackers podem destruir ou roubar dados. Os arquivos de dados, armazenados em discos flexíveis ou em discos rígidos, podem ser apagados acidentalmente. Os funcionários que não estão familiarizados com sistemas de informação podem incorporar dados errôneos – que podem ser exportados para outras aplicações.

Tendo em vista a variedade de riscos a que os bancos de dados estão expostos, como as empresas podem se proteger de tais ameaças ou mesmo recuperar um banco de dados que tenha sido comprometido?

- os administradores de segurança da TI e os gerentes da empresa devem atribuir os direitos de acesso ao banco de dados, indicando quais bases de dados o funcionário tem acesso, e o tipo de ação que pode executar (somente ler, adicionar, modificar ou suprimir dados);
- as empresas podem monitorar as várias bases de dados acessadas pelos funcionários, procurando por padrões incomuns de utilização (ver seção 6.2.2);
- os dados devem ser varridos com softwares antivírus atualizados;
- *Firewalls*, os sistemas digitais de autenticação, e outros procedimentos de segurança devem ser empregados para impedir que pessoas desautorizadas acessem os dados da empresa;

- devem ser feitos *backups* diários dos dados e um sistema rotativo de mídias de backup deve ser usado (incluindo o armazenamento em locais remotos);

- empresas de grande porte e com dados críticos podem usar os serviços de armazenamento remoto. Aqueles com necessidades extremamente críticas podem manter contratos de atualização em tempo real das cópias de segurança;

- para os arquivos de dados individuais, mantidos pelos funcionários (armazenados em discos flexíveis ou em *hard drives*), sugere-se que as pastas e os arquivos sejam claramente nomeados, para evitar confusão ou apagamento acidental;

- os funcionários devem receber treinamento adequado. Para os bancos de dados acessados pelos clientes e pelos fornecedores (através da Internet, por exemplo), devem ser dadas instruções claras, com exemplos, e disponibilizados *tutoriais*. Para todos os usuários, é importante ter um sistema de ajuda (*help desk*) ou uma central de atendimento para responder às perguntas dos usuários;

- Devem ser desenvolvidas formas alternativas de prosseguimento das atividades do negócio, para o caso da indisponibilidade dos bancos de dados.

6.4.4 Redes

As redes de uma empresa são sujeitas a ameaças similares às dos softwares e do hardware, porque uma rede envolve tanto os programas quanto os dispositivos físicos (consulte as seções 5.1 e 5.2). Os dispositivos na rede podem sofrer os mesmos problemas e devem ser protegidos usando os mesmos conceitos explorados na seção 6.4.1. E é possível que o software de rede seja atacado pelas ameaças discutidas na seção 6.4.2. Conseqüentemente, é importante empregar estratégias similares de proteção e recuperação das redes. Mas existem algumas ameaças que afetam especificamente redes.

Os meios físicos que conectam dispositivos em uma rede local (LAN) – cabos, linhas de telefone ou fibra ótica, por exemplo – podem estar em risco (talvez um risco baixo) de serem danificados fisicamente por um trabalhador descuidado que os corte (mesmo que estejam dentro de paredes ou no subterrâneo). Correm um risco ainda maior quando situados em lugares desprotegidos, ao ar livre. As empresas podem ter problemas com suas redes remotas (WAN).

Se a empresa de telecomunicações sofrer problemas da hardware ou de software, estes afetarão o movimento dos dados de sua LAN individual através da sua WAN. O acesso aos recursos da rede por funcionários desautorizados ou por *hackers* pode ser incômodo para a empresa. Uma vez dentro da rede, a pessoa pode tentar acessar outros sistemas ou extrair informações dos bancos de dados.

A proteção dos recursos de rede é um dos aspectos mais importantes da segurança de TI atualmente. Uma vez que uma rede sofra danos, muitos outros pontos correm risco de ser danificados. Algumas dicas úteis:

- instale componentes redundantes em sua LAN. Caso ocorra uma falha ou interrupção física em uma parte da rede, o tráfego pode ser desviado para um backup;

- assegure-se de que os equipamentos da LAN estão instalados apropriadamente, protegidos do clima ou de outras ameaças físicas;

- use técnicas adequadas de autenticação de usuários para acesso à rede, especialmente acesso remoto;

- certifique-se de que o seu plano de seguros esteja atualizado e que inclua os custos de reposição de componentes de rede que sejam eventualmente danificados.

6.5 Planejando de Continuidade de Negócios e Recuperação de Desastres

Em março de 2002, a Petrobras sofreu uma terrível explosão em uma de suas plataformas, a P32, no Campo de Roncador. A tragédia resultou em perda de vidas e de recursos físicos. Quando um desastre, não importa de que natureza, recai sobre uma empresa, esta deve estar pronta para implementar um plano que permita a sua recuperação e a continuidade do negócio. Existem muitos materiais de referência sobre o desenvolvimento de planos de continuidade de negócios – PCN –, mas apresentamos, aqui, um panorama sobre alguns dos itens de um PCN. As empresas devem desenvolver passos a serem seguidos para:

- contato com outras organizações, como a polícia, bombeiros, serviços de emergência e órgãos do governo;

- em caso de perda da Diretoria, serem indicados substitutos rapidamente, de forma a eliminar as incertezas e possibilitar a continuidade das atividades;

- serem estabelecidos Centros Operacionais Alternativos, onde as atividades de recuperação possam ocorrer;

- que haja um esquema que mantenha contato com os funcionários e com o público sobre o desastre e as medidas de recuperação;

- que sejam fornecidos os serviços de atendimento e apoio pessoal necessários;

- organizar a ajuda que venha a ser recebida de parceiros de negócios, fornecedores ou clientes;

- tomar uma decisão sobre quando e como retomar as atividades normais;

- que o PCN seja periodicamente testado e mantido atualizado[28].

Paralelamente à recuperação do desastre e ao processo de continuidade das atividades, a empresa precisa fazer arranjos para repor e restaurar sua tecnologia de informação ao nível anterior ao desastre. Neste ponto, entram em ação as políticas de seguro, os acordos de manutenção de hardware e software e com consultores de tecnologia de informação e outros parceiros de negócios que tenham um papel importante para a empresa. Independentemente do tamanho da empresa, a maioria pode se beneficiar da experiência e da ajuda que pode ser dada por fornecedores de hardware, software ou consultores de TI. Firmas como a Datasul, a HP, a IBM, a KPMG, a Novell, a OptiGlobe, a Oracle e a Veritas oferecem uma variedade de serviços relacionados à recuperação de desastres e continuidade de serviços, indo da consultoria manutenção remota de operações de TI das empresas.

Uma outra opção, que será discutida no capítulo 7, é terceirizar a função de TI para uma empresa especializada. Neste caso, a responsabilidade pela continuidade das atividades do negócio é da terceirizada. Geralmente, essas firmas têm mais talento e experiência nesta área e podem oferecer melhores serviços a custos menores.

A abordagem de como desenvolver e manter um plano de continuidade de negócios – PCN – não é propriamente nosso objetivo aqui. Nossa maior preocupação é mostrar como a empresa deve responder e reagir diante da ocorrência de um desastre.

Leitura Complementar
Tendências em Gestão de TI – Terceirização

Banco Real, Bom Preço, Elektro, Abril, Ticket: o que essas empresas têm em comum? Terceirizam a gestão de seus recursos de tecnologia da informação. Acrescente à lista a Bandeirante Energia, a CPFL Piratininga, a EDP Brasil, a TV Cidade, o Banco Industrial do Brasil, a Embratel, a Roche (no Rio de Janeiro e São Paulo), o Banco do Brasil, o Unibanco, a Telemar e o Santander/Banespa. Todos eles terceirizaram pelo menos uma função de TI.

O que é terceirização? Popular em certos setores, como a hotelaria, a terceirização (ou *outsourcing*) é a designação de responsabilidade por operar e gerenciar certas atividades para uma outra empresa. Por exemplo, no setor hoteleiro, o proprietário de um hotel pode terceirizar a função de lavanderia, a governança ou a operação do restaurante. Ele faz isso porque há outras empresas com mais experiência para gerenciar mais efetivamente essas operações específicas. Com isso, o dono do hotel fica com mais liberdade para se dedicar ao que faz melhor: dar atenção aos seus clientes na recepção e nos serviços de *concierge*.

O banco Santander/Banespa escolheu a terceirização por três razões: melhorar a qualidade operacional, reduzir custos e focar esforços em seu negócio principal[29]. A empresa sueca SKF, que opera uma fábrica em Cajamar, no Estado do São Paulo, também terceirizou por razões similares. É importante para essa empresa reduzir custos em áreas que não fazem parte do seu negócio principal. Além disso, a terceirização permitiu que a SFK contasse com o apoio de uma equipe de profissionais altamente treinados em todas as áreas da TI, o que seria muito caro para se conseguir e manter por si mesma[30].

Na área de TI, uma empresa pode terceirizar as seguintes atividades:

- serviços de *help desk*;
- manutenção de hardware;
- operação do banco de dados;
- design and monitoramento das redes LAN/WAN;
- serviços de gestão do risco da informação;
- design e gestão da estrutura de servidores;
- instalação e atualização de softwares;
- serviços de e-mail;

- serviços de recuperação de desastres/continuidade das atividades do negócio;
- gestão do armazenamento de dados;
- proteção contra vírus;
- treinamento e atualização da equipe de TI;
- segurança da TI.

Um estudo recentemente realizado com médias e grandes empresas no Brasil pelo Yankee Group relata que 52% das 504 firmas pesquisadas terceirizavam pelo menos uma das funções de TI. Segundo essa pesquisa, o item mais comumente terceirizado é a manutenção das redes (30%). Em ordem decrescente, as empresas também terceirizam atividades de gestão das redes (16%), *help desk* (13%), aplicativos (11%). Das empresas pesquisadas, 8% afirmaram terceirizar completamente as funções de TI[31]. Esse mesmo estudo mostrou que a razão mais importante levada em conta na decisão de terceirizar é a redução de custos. Em segundo lugar, está o interesse das empresas em terem acesso às tecnologias mais recentes. Em terceiro, a padronização dos investimentos em tecnologia. No Brasil, a Datasul, a EDS, a Getronics, a CSC, a IBM, a T-Systems do Brasil, a Unisys, a Procomp e a Edinfor são apenas alguns exemplos de firmas de TI que fornecem serviços de terceirização de atividades.

QUESTÕES DE REVISÃO

1. Como uma empresa pode garantir a privacidade dos dados armazenados em seus bancos de dados e data warehouses? A questão da privacidade dos dados é diretamente relacionada à questão da segurança dos dados, e, muitas vezes, é difícil pensar sobre uma sem levar a outra em consideração.

   Localize alguns artigos que discutam as preocupações com a privacidade dos dados. Prepare uma tabela que identifique os problemas descritos em cada artigo e a ação feita para resolvê-los.

2. Listamos abaixo algumas categorias de dados armazenados em uma empresa sobre os clientes. Identifique o nível de risco (1 = alto risco; 2 = risco médio; 3 = baixo risco) que você associa a cada categoria.

a. Nome do cliente;

b. Endereço do cliente;

c. Número do CPF do cliente;

d. Número do cartão de crédito do cliente;

e. Número da conta bancária do cliente;

f. Número dos pagamentos em atraso feitos pelo consumidor;

g. Compras do cliente nos últimos 12 meses;

h. Perfil do cliente ou suas preferências, fornecidas pelo próprio cliente quando começou a negociar com a empresa.

3. Listamos abaixo algumas das categorias de dados armazenados em uma empresa sobre os participantes de sua cadeia de suprimentos. Identifique o nível de risco (1 = alto risco; 2 = risco médio; 3 = baixo risco) que você associa a cada categoria.

   a. Nome do fornecedor;

   b. Endereço do fornecedor;

   c. Número do CNPJ do fornecedor;

   d. Valor atualmente devido ao fornecedor;

   e. Número da conta bancária do fornecedor;

   f. Lista dos itens que são usualmente comprados do fornecedor;

   g. Compras feitas com o fornecedor nos últimos 12 meses.

4. Listamos abaixo algumas das categorias dos dados armazenados em uma empresa sobre os seus funcionários. Identifique o nível de risco (1 = alto risco; 2 = risco médio; 3 = baixo risco) que você associa a cada categoria.

   a. Nome do funcionário;

   b. Endereço do funcionário;

   c. Número do CPF do funcionário;

   d. Salário mensal recebido pelo funcionário;

   e. Ano e nome da instituição em que o funcionário se formou.

5. A empresa deve monitorar o uso que os funcionários fazem dos sistemas de informação? Encontre alguns artigos da Imprensa que discutem essa possibilidade. Então, prepare uma resposta que apresente argumentos em duas linhas: aqueles que são a favor e os que são contra. Dê exemplos a partir de sua pesquisa.

6. Construa uma tabela como a apresentada abaixo. Para cada tipo de empresa listada, identifique as ameaças aos sistemas de informação e sugira formas de evitá-las.

	Setor Bancário	Jornal	Químico
Ameaças ao hardware			
Formas de proteger o hardware			
Ameaças ao software			
Formas de proteger o software			
Ameaças aos dados			
Formas de proteger os dados			
Ameaças às redes			
Formas de proteger as redes			

7. Descubra alguns artigos sobre recuperação de desastres e a continuidade dos negócios. Na sua opinião, quais são os cinco componentes mais importantes de um plano de contingência?

8. Todas as empresas, mesmo as pequenas e micro, devem ter um plano de recuperação de desastres e continuidade do serviço. Descreva algumas das diferenças importantes nos planos das grandes, médias e pequenas empresas. Por que essas diferenças existem?

Questões do Provão

Após uma série de processos movidos por um grupo de clientes, fornecedores e funcionários, devido a problemas relativos à possível falta de ética de sua área de sistemas de informação, a diretoria da Cariocas Sistemas Ltda. pretende implementar um conjunto de medidas para resolver tais problemas. Para tal, ela deve embasar-se em quatro princípios que norteiam questões éticas na área de sistemas de informação. São eles: Privacidade, Acuidade, Propriedade e Acesso. Entre as providências a serem tomadas, está:

a) garantir que somente cada setor tenha acesso irrestrito aos dados referentes aos seus funcionários;

b) preocupar-se menos com a exatidão das informações armazenadas em seus bancos de dados e mais com o sigilo dessas informações;

c) fornecer sua base de dados a empresas que prestam serviços de mala-direta para proporcionar maior veiculação da informação;

d) instalar em todos os computadores da empresa um software com licença para uso doméstico, regularizando, assim, sua situação junto aos órgãos de direitos autorais;

e) construir um controle de acesso que garanta que as informações de caráter pessoal de cada funcionário só serão acessadas pelo mesmo ou com sua permissão.

A Modular Sistemas Ltda. desenvolveu um novo site na Internet, hospedado em seus computadores, a fim de disponibilizar com segurança o acesso ao seu banco de dados. Para tal, introduziu um novo sistema de *firewall* em suas redes corporativas. O que levou o diretor da Modular a tomar esta decisão?

a) dar segurança aos dados da empresa contra a possibilidade de fogo em suas instalações;

b) fazer um esquema de backup de incêndio, isto é, guardar cópia dos dados e programas em local fora da sede da empresa;

c) prevenir o recebimento de vírus através do correio eletrônico;

d) tentar impedir que os computadores da empresa sejam invadidos por hackers;

e) criar uma vacina contra o vírus conhecido como *firewall*, de maneira a impossibilitar o seu ataque aos computadores da empresa.

Resumo

- As empresas detêm uma quantidade de informações como nunca antes sobre seus clientes. Ao mesmo tempo em que isso pode se constituir em importante fonte de conhecimento e relacionamento com os clientes, traz uma preocupação com relação a como lidar de forma adequada com essas informações. Um desafio importante é estabelecer um nível adequado de proteção dos dados e definir critérios claros sobre direitos de acesso.

- Outro item importante é a privacidade dos dados dos clientes e fornecedores. Eles querem a garantia de que os seus dados, tais como endereço, números de telefones, números de cartões do crédito, CPF, números de contas do banco e os detalhes de suas transações permaneçam seguros e guardados pelas empresas com que negociam.

- A preocupação com a segurança dos recursos informacionais de uma empresa deve ser abrangente e incluir a informação em si (bancos de dados), os softwares, o hardware, os recursos de redes e telecomunicações. Cada um deles requer medidas específicas.

- Em caso de desastres naturais, sabotagem, acidentes, enfim, eventos de força maior que destruam parte ou a totalidade dos recursos informacionais das empresas, há a necessidade de se ter um esquema alternativo de funcionamento, que permita a continuidade dos negócios mesmo diante do imprevisto. Esse esquema alternativo deve estar detalhado em um Plano de Contingência, que preveja medidas quanto a cada um dos recursos informacionais e tecnológicos da empresa.

Notas

1. "Privacidade fora de controle?", Revista InfoExame, outubro de 2002.
2. "Privacidade fora de controle?", Revista InfoExame, outubro de 2002.
3. "Privacidade fora de controle?", Revista InfoExame, outubro de 2002.
4. "De olhos bem abertos", Revista Exame, 14/11/2001.
5. "Segurança – você está vulnerável", Revista InfoExame, junho de 2002.
6. "Consumer Internet Barometer: More Americans online, but trust still an issue", (2002). NUA Internet Surveys, October 17, em: http://www.nua.com/surveys/
7. "Data Protection Commissioner: Irish Net users worried about privacy", (2003). NUA Internet Surveys, January 17, em: http://www.nua.com/surveys/

8. Planeta Imóvel Web site. Política de privacidade, em: http://www.planetaimovel.com/ajuda/politica-confidencialidade.asp
9. Panorama Brasil Web site. Política de Privacidade, em: http://www.panoramabrasil.com.br/por/politica_de_privacidade.asp?s=privacidade
10. C&C Web site. Política de Privacidade, em: http://www.c-cnet.com.br/
11. Santos, C. (2002). "Privacidade na Web: o pêndulo do espião", Direto Na Web, 30 de janeiro, em: http://www.diretonaweb.com.br/
12. Idem.
13. Zaidan, P. (2002). "Bom senso deve prevalecer no debate de privacidade eletrônica", Computerworld, 2 de julho, em: http://computerworld.terra.com.br/
14. A expressão "hotéis de luxo do ciberespaço" foi retirada de um informe publicitário publicado na Revista Exame.
15. "De volta a vida", Revista Exame, 3/10/01.
16. "Os donos do e-commerce", Revista InfoExame, maio de 2002.
17. Gelertner, David. *A beleza das máquinas*, São Paulo: Rocco, 2000, p. 36.
18. Bagdikian, Bem H. *The media monopoly.* USA: Boston: Beacon Press, 1992, p. 49.
19. "Segurança – você está vulnerável", InfoExame, junho de 2002.
20. As informações sobre o caso do Grupo Paranapanema foram extraídas da reportagem "Chega de desperdício", Revista Exame, 13/2/2002.
21. O'Brien, James A. *Sistemas de Informação e as decisões gerenciais na era da Internet.* São Paulo: Saraiva, 2004.
22. "Privacidade fora de controle?", Revista InfoExame, outubro de 2002.
23. Idem.
24. Idem.
25. "E-mail obsceno também causa demissão na Ford", O Estado de S. Paulo, Economia, 6/6/2002.
26. Modenesi, S. (2001). "O Pulo do Gato: Transformar o Projeto de Contingência no Plano de Continuidade de Negócios", 26 de setembro, palestra presented at the 2001 conference of Congresso Nacional de Auditoria e Segurança da Informação, São Paulo.
27. Gartner Group, (2001). "Aftermath: Disaster Recovery", 21 de setembro, em: http://www4.gartner.com/resources/101100/101102/101102.pdf
28. Brasiliano, A. (2002). "A importância de um plano de contingência empresarial – gerenciamento de crise", Brasiliano & Associados Web site. Artígos. Planos de Contingência, em: http://www.brasiliano.com.br/artigos.htm#05

29. Cerioni, T. (2003). "Santander fecha contrato de terceirização com Telefônica Empresas", Telecom Web, 24 de março, em: http://www.telecomweb.com.br/noticias/artigo.asp?id=36305

30. Valim, C. (2002). "Quanto menor, melhor", IT Web, 24 de abril, em: http://www.informationweek.com.br/noticias/artigo.asp?id=21777

31. Cesar, R. (2003). "Pesquisa faz mapeamento da terceirização de TI no Brasil", Computerworld, 28 de janeiro, em: http://computerworld.terra.com.br/

7

Desafios para os Sistemas de Informação: Questões Éticas Envolvendo Sistemas de Informação

Abertura

No **Capítulo 7**, continuamos a explorar os desafios enfrentados pelas empresas com relação a sistemas de informação. Porém com uma perspectiva mais social e cultural. Abordamos as dificuldades de infra-estrutura, principalmente num país em desenvolvimento como o Brasil.

Prosseguimos comentando um pouco sobre as resistências culturais que podem acontecer quando da implantação de sistemas de informação nas organizações.

Concluímos o capítulo com uma reflexão sobre algumas questões éticas levantadas pelo uso disseminado das novas tecnologias.

Objetivos de Aprendizagem

- Levantar os principais desafios para os países emergentes em termos de infra-estrutura;
- Discutir desafios éticos e culturais para a implementação de novas tecnologias em ambientes empresariais.

7.1 Desafios de Infra-estrutura

Os países em desenvolvimento, como o Brasil, enfrentam uma dificuldade adicional no tocante à implementação de novas tecnologias e o uso de sistemas de computação: a infra-estrutura.

Outro fator é a capacidade de investimento das empresas. Uma comparação internacional dos gastos com informática e tecnologia de informação revela que o Brasil ainda está distante dos países desenvolvidos. Estudos indicam que entre 0,1% e 10% do faturamento líquido é o que as empresas nacionais costumam gastar em informática[1].

A Tabela 4 mostra uma comparação dos gastos com informática e tecno-

Tabela 4
Comparação Internacional dos Gastos com Informática e Tecnologia da Informação – em %

País/região	1994	1998	2000	Investimentos em TI*
Estados Unidos	4	6,5	8	55
Europa	2,9	4	5	45
Brasil	2,6	3,4	4	40
América Latina	1,6	2,2	3	25
Ásia e Terceiro Mundo	0,6	1,1	2	15

* Investimento em tecnologia de informação/investimento de capital da empresa
Fonte: A empresa digital, Edição Especial da Revista Exame, 15/05/2002.

logia de informação.

Segundo Jack London, nos países desenvolvidos, são 353 PCs para cada mil pessoas. Na América Latina, 44 para cada mil. No Brasil, esse número está chegando a 80 por mil. Em todas as estatísticas, estamos mais ou menos assim: acima da média dos miseráveis, mas ainda longe da tampa do mundo[2].

O primeiro passo para que o Brasil se integre ao mundo digital é ter uma infra-estrutura básica. Essa plataforma de telecomunicações e transmissão de dados precisa ser, num país com a dimensão do Brasil, abrangente na sua extensão e plural na sua complexidade tecnológica. As redes digitais devem ser um fator de homogeneização social, não um instrumento a mais de aprofundamento das diferenças sociais e econômicas existentes, segundo Luiz Carlos Mendonça de Barros[3].

A questão da assimetria de infra-estrutura, ou seja, as diferenças existentes entre os países desenvolvidos e os em desenvolvimento, agrava-se diante de uma constatação feita por pesquisas recentes. Nos países desenvolvidos, quando a economia atravessa períodos difíceis, o gasto com TI permanece estável, ou mesmo cresce. Em períodos expansionistas, este usualmente cresce mais rapidamente do que o PIB, causando um aumento da razão TI/PIB.

Os países desenvolvidos têm uma estrutura mais amadurecida de computadores e comunicações, focando seus gastos em software e serviços, mantendo os gastos com TI constantes. Por exemplo, no Japão, apesar da recessão econômica, os gastos com TI aumentaram 6,5% em 1996 e 6,7% em 1997. Uma razão apresentada no estudo do IDC – *International Data Corporation* – para essa estabilidade é o fato de as corporações, especialmente as grandes, verem o gasto com TI como uma forma de escapar ou no mínimo mitigar os efeitos da conjuntura econômica adversa. A mentalidade vigente é de que a TI pode reduzir consideravelmente os custos e ao mesmo tempo aumentar a competitividade das empresas, razão pela qual os empresários tendem a ver a TI como parte da solução e não do problema.

Já nos países em desenvolvimento, a infra-estrutura está em implantação, e as evidências do estudo do IDC indicam que os investimentos em TI não são sustentados durante tempos de crise econômica. No México, por exemplo, com a crise de 1994 e o declínio econômico resultante, os gastos em TI reduziram-se na ordem de 30% em 1995. Mesmo com a recuperação e a volta do crescimento, em 1997 os gastos ainda não tinham alcançado o seu nível pré-crise. A crise do Sudeste Asiático gerou resultados semelhantes, sendo que, em alguns países, o declínio do gasto em TI foi mais acentuado do que a queda do PIB. Diante dessa realidade, a tendência é que a distância tecnológica (*technological gap*) entre os países desenvolvidos e os em desenvolvimento tenda a aumentar.

A Unesco, órgão das Nações Unidas, mantém um programa chamado *Information for All*. A declaração de princípios desse programa diz que o acesso à informação e ao conhecimento constitui objetivo público global e é essencial para o avanço da educação, ciência, cultura e comunicação, fortalecendo as pessoas, promovendo a diversidade cultural e melhorando os processos de governança.

Tem como objetivo diminuir o *gap* entre os ricos e os pobres em informação, construindo uma sociedade de informação para todos. É uma plataforma para discussões de políticas internacionais e desenvolvimento de programas que tenham como metas:

- melhor compreensão das conseqüências éticas, legais e societárias das novas tecnologias;
- ampliar o acesso à informação nas esferas públicas por meio da organização, digitalização e preservação da informação;
- apoiar iniciativas de treinamento, educação continuada e aprendizado permanente nos campos da comunicação, informação e informática;
- apoiar a produção de conteúdo local e alavancar a disponibilidade de conhecimento indígena por meio de alfabetização básica e alfabetização digital;
- promover o uso de padrões internacionais e melhores práticas em comunicação, informação e informática nos campos de competência da Unesco;
- promover redes de informação e conhecimento nos níveis local, nacional, regional e internacional.

Embora tragam perspectivas de avanço para a sociedade como um todo e para os negócios em particular, as novas tecnologias também carregam em si o risco da exclusão digital, ou seja, a possibilidade de criarem processos de concentração de renda, novas formas de desemprego, de desigualdade no acesso à produção e aos frutos do desenvolvimento tecnológico.

É importante notar que, passada a euforia com a Internet comercial, ganhou importância a dimensão pública da rede, seu potencial como instrumento de política e mudança social. Uma dimensão dessa "exclusão" que tem recebido menos atenção é aquela lingüística, ou seja, do predomínio de conteúdos em inglês.

7.2 Desafios Culturais

Fundada em 1880, época em que todos os homens usavam chapéu, a Chapelaria Port, no Rio de Janeiro, teve uma lista invejável de fregueses: Chacrinha, Getúlio Vargas, Paulinho da Viola, etc. Atualmente, a chapelaria, que antes contava com 16 funcionários, agora conta apenas com o dono, Sr. Almir. O seu equipamento de trabalho ainda é da época de seu avô. O único sinal mais próximo de modernidade é uma velha TV e um ventilador. Sr. Almir, contudo, orgulha-se de manter a tradição e de ser a única chapelaria no Rio de Janeiro que "lava e enforma".

Esse exemplo mostra um pouco da resistência que pode acontecer diante das novas tecnologias. Vejamos também um caso curioso, acontecido durante o processo de instalação de um ERP na Petrobras[4]. A um custo de 200 milhões de dólares, a instalação do ERP da Petrobras é uma das maiores do gênero em todo o mundo. A idéia é que os gestores possam ter à mão informações sobre todas as funções vitais do negócio. Entre funcionários e consultores externos, mais de 750 pessoas trabalham no projeto há dois anos e dois meses. Hoje, as informações relativas ao negócio da empresa estão espalhadas em cerca de 800 programas desenvolvidos internamente. Quando o software da alemã SAP estiver 100% instalado, esse número deve cair significativamente.

Para que o sistema comece a rodar, foram realizadas 170.000 horas-aula para os funcionários. Durante o treinamento da equipe que abastece aviões, no aeroporto do Galeão, no Rio de Janeiro, foi necessário convencer um motorista de que o mouse do computador não dava choque. O funcionário, acostumado a fazer pedidos de material em folhas de papel, ficou apavorado ao descobrir que sua rotina de pregar os velhos formulários sempre no mesmo prego da mesma parede seria substituída por pedidos no computador.

Há muito tempo a relação do homem com a tecnologia não é fácil. Existe até um elemento da mitologia grega que é sempre citado quando se fala sobre o assunto, o mito de Prometeu. Segundo a lenda, o titã Prometeu roubou o fogo dos deuses e o entregou aos mortais. Zeus, zangado, aplicou-lhe um castigo, condenando-o a ficar acorrentado a uma montanha, onde águias vinham devorar seu fígado todos os dias. Durante a noite, a ferida se curava e cicatrizava, somente para o martírio começar novamente no dia seguinte.

Durante a Revolução Industrial, surgiram os ludistas, pessoas que condenavam as máquinas pela degradação das condições sociais e pelo alto nível de desemprego. Fizeram muitos movimentos de quebra das máquinas. Atualmente, existem os chamados "neoludistas", pessoas que se posicionam de forma contrária a tudo o que se relaciona à tecnologia, como Internet, microcomputadores, etc.

Por trás dessa discussão está uma pergunta básica: é a tecnologia neutra? Somos de opinião que sim. A tecnologia é neutra. Cabe ao ser humano decidir qual aplicação será dada a ela. A IBM recentemente protagonizou um episódio dessa natureza. Um juiz americano a condenou a pagar indenização às famílias dos judeus que foram vítimas do holocausto nazista. A alegação foi que a IBM vendeu aos nazistas equipamentos e software que ajudaram a organizar o extermínio em massa. A história virou livro, "A IBM e o Holocausto". Não se trata de renegar a grande desgraça para a humanidade que foi o regime nazista. Porém culpar a IBM traz a pergunta à tona. Caso comecem a se defrontar com problemas dessa natureza, os fabricantes de TI poderão ser desestimulados a fazer novos investimentos e retardar o progresso, o que pode ser prejudicial para a humanidade como um todo.

7.2.1 A tecnologia e as mudanças no processo de trabalho

Tornou-se quase mítica a cultura de trabalho na Microsoft. Afinal, na empresa do homem que previu o fim do papel nas empresas, há que se esperar uma intensiva utilização das ferramentas tecnológicas. Contam-se histórias de funcionários que usam o e-mail para chamar o colega do lado para tomar um café. Já o Banco Santander, em sua política sobre utilização de sistemas de informação, alerta que o contato pessoal continua sendo o melhor meio para a obtenção de resultados. E qualifica como uma prática indesejável o envio de mensagens eletrônicas contendo solicitações de providências ou fazendo um lembrete a pessoas muito próximas de seu local de trabalho. Segundo o Banco, um colega da mesma seção ou alocado no mesmo andar pode tomar tal atitude como um comportamento antipático. Por isso, fica o conselho: que sejam priorizados os contatos pessoais sempre que possível.

Como se vê, a questão da introdução da tecnologia em ambientes empresariais está intimamente ligada à questão da cultura organizacional.

Implantar sistemas de informação em uma empresa envolve mais mudança de mentalidade que mudança de máquinas. O obstáculo mais importante na adaptação da empresa vertical às exigências de flexibilidade da economia global era a rigidez das culturas corporativas tradicionais. Ademais, no momento de sua difusão maciça nos anos 1980, supunha-se que a tecnologia da informação fosse a ferramenta mágica para reformar e transformar a empresa industrial. Mas sua introdução na ausência da necessária transformação organizacional, de fato, agravou os problemas de burocratização e rigidez. Controles computadorizados causavam até mais interrupções que as redes de comandos pessoais tradicionais em que ainda havia lugar para alguma forma de barganha implícita. Ainda nessa época, nos Estados Unidos, uma tecnologia nova era, com certa freqüência, considerada dispositivo para economizar mão-de-obra e oportunidade de controlar os trabalhadores, e não um instrumento de transformação organizacional.

Alguns estudos recentes apontaram para o fato de que os investimentos em TI não redundaram, ainda, em aumento da produtividade das empresas. Uma das razões é, certamente, porque eles serviram, até agora, principalmente, para automatizar as tarefas existentes. E o problema é que muitas vezes os sistemas de informação automatizaram formas ineficientes de fazer as coisas. Uma bola quadrada na vida real continua sendo quadrada em um sistema informatizado.

Por essa razão, quando se implanta um sistema de informações de grandes proporções, como um ERP, contrata-se junto uma consultoria empresarial, que analisa todos os processos de negócios da empresa, buscando racionalizá-los. Isso é feito, comumente, tomando por base o que se entende serem "as melhores práticas de negócio" em cada área. A vasta experiência administrativa acumulada por empresas ao redor de todo o mundo já gerou modelos de processos eficientes e com menor custo. Há muitas maneiras de se processar um pagamento a um fornecedor, com certeza, mas há poucas formas de se fazer isso com baixo custo e eficácia.

A realização do potencial da Tecnologia da Informação requer uma reorganização substancial. A capacidade de reorganizar tarefas conforme vão sendo automatizadas depende amplamente da disponibilidade de uma infra-estrutura coerente, isto é, uma rede flexível, capaz de fazer a interconexão das várias atividades empresariais informatizadas.

Porém, uma vez instalado e funcionando, o sistema de informação pode gerar algum grau de engessamento ou de inflexibilidade. A realidade empresarial brasileira, por exemplo, em alguns casos, incorporou ao modo nacional de fazer negócios o tradicional "jeitinho". Há muitas controvérsias sobre o papel do "jeitinho" nos negócios. Alguns ardorosos defensores argumentam que este assegura um importante nível de flexibilidade. Há quem diga, porém, que, a longo prazo, gera desperdício, ineficiência e atraso para o desenvolvimento do país.

7.3 Desafios Éticos

O termo ética origina-se da palavra grega *ethos*, que indicava o costume, o hábito, o uso, como uma dimensão primordial da existência humana, definida em oposição ao conceito de *physis* – natureza. A ética, portanto, está fundamentalmente ligada à prática social e se efetiva na tradição.

Quando ocorrem mudanças de grande porte, como as introduzidas pelas novas tecnologias e as mudanças sociais discutidas no capítulo 1, há mudanças na ética. Enquanto não se definem novos parâmetros sobre o que é ético no tocante ao uso das novidades tecnológicas, permanece uma zona de sombra, que precisa ser tratada com cuidado nas empresas.

Um exemplo: poucas pessoas arriscariam tirar um baralho do bolso e começar a jogar carteado em sua mesa de trabalho, diante dos colegas e do chefe. Porém, muitas pessoas admitem que jogam paciência em seus micros durante o horário do expediente. Qual é a diferença entre se jogar baralho no micro e na mesa? Na verdade, nenhuma. No micro, é fato, fica mais fácil disfarçar e parecer ocupado, quando na verdade se está jogando ou mesmo acessando a Internet para finalidades pessoais.

Da parte das empresas, há uma tendência a considerar os recursos tecnológicos e informacionais como propriedade da empresa, conforme visto no capítulo 6. É discutível, contudo, a prerrogativa das empresas de lerem os e-mails de seus funcionários sem permissão, e mesmo sem aviso prévio. Entretanto, muitas empresas vêm adotando regularmente essas práticas.

Instalar equipamentos de hardware e softwares sem pensar no conforto e na ergonomia pode sair mais barato para a empresa, porém é mais caro para o funcionário, revertendo-se, em última instância, em prejuízo para a empresa. Entre as doenças ocupacionais, a LER já ocupa posição de destaque em vários países. Doenças de visão também vêm crescendo assustadoramente. Um funcionário com LER não tem cura e pode ser forçado a se aposentar precocemente. A empresa precisará encontrar um substituto, treiná-lo e ainda terá que arcar, provavelmente, com uma indenização ao funcionário afastado.

Essas questões precisam ser pensadas pelos administradores quando em processo de implantar sistemas de informação em suas empresas.

QUESTÕES DE REVISÃO

1. Descubra alguns artigos sobre empresas que terceirizaram parte ou toda a área de tecnologia da informação. Por que essas empresas escolheram a terceirização?
2. Na sua opinião, quais são as características necessárias para um acordo de terceirização bem-sucedido?
3. Quais são algumas das desvantagens associadas com a terceirização? O que você pode concluir sobre a terceirização de uma forma geral e de forma específica, com relação ao campo da tecnologia da informação?
4. Pense sobre as suas respostas às questões anteriores. Para cada uma das organizações abaixo, identifique os fatores que seriam importantes para serem considerados em uma análise de custo-benefício da possibilidade de terceirização da área de TI.
    a. Um grande restaurante localizado em Cuiabá;
    b. Uma cadeia de hotéis quatro estrelas, localizada em 15 cidades do Nordeste;
    c. A sede brasileira de uma empresa holandesa;
    d. Um distribuidor regional de refrigerantes e cerveja, baseado na região Sudeste do país;
    e. Uma agência governamental que inspeciona e avalia escolas particulares.

*Infelizmente, o Provão não contemplou de forma suficiente o tema para que se pudessem extrair questões.

RESUMO

- Os países em desenvolvimento enfrentam restrições quanto à disseminação do uso das novas tecnologias de informação e comunicação, base dos sistemas de informação, em virtude de suas dificuldades de infra-estrutura.
- A implantação de sistemas de informação implica uma reorganização da forma de trabalhar, gerando, portanto, resistências culturais que precisam ser bem trabalhadas para que os sistemas alcancem êxito.
- Os sistemas de informação trouxeram novos desafios éticos que precisam ser entendidos e bem trabalhados pelas empresas.

Notas

1. "A empresa digital", Edição Especial da Revista Exame, 15/5/2002.
2. Exame Negócios – Edição 755 Jack London – Um pouco de malandragem.
4. Brasil Digital – Luiz Carlos Mendonça de Barros.
5. As informações sobre o caso em questão foram extraídas da reportagem "Pilotando por Instrumentos", da Revista Exame, 9/7/2002.

Entre em Sintonia com o Mundo

QualityPhone

0800-263311

Ligação Gratuita

Qualitymark Editora Ltda.

Rua Teixeira Júnior, 441
São Cristóvão. CEP 20921-405 - RJ
Tel.: (0XX21) 3094-8400
Fax: (0XX21) 3094-8424

www.qualitymark.com.br
E-mail: quality@qualitymark.com.br

DADOS TÉCNICOS

FORMATO:	16 x 23
MANCHA:	12 x 19
CORPO:	11
ENTRELINHA:	13
FONTE:	Times New Roman
TOTAL DE PÁGINAS:	216